現代語訳　どちりな　きりしたん

水野　聡　訳

カバーデザイン　鈴木英史

どちりなきりしたん表紙　1600 年長崎刊
『どちりなきりしたん総索引』（小島幸枝編 風間書房 1971 年 5 月）より

✚

目次

まえがき

どちりな　きりしたんとは

本書は、『長崎版　どちりな　きりしたん』（岩波文庫）を底本とする、全文現代語訳です。

どちりな　きりしたん（Doctrina Christam）とは、古ポルトガル語で「キリスト教の教義」という意味で、原書（ローマ・カサナテンセ文庫蔵）表紙の副題に「これきりしたんのをしへといふぎ也」とあります。

戦国時代末期、キリスト教布教のため来日した、イエズス会の巡察使アレッサンドロ・ヴァリニャーノが日本にもち込んだグーテンベルグ式印刷機により、わが国で初めて活版印刷にて出版されたキリシタン版の一書とされています。

初めてキリスト教に触れる日本人に対し、言語と文化の壁を越え、正確に教義を伝える現地語によるキリスト教教義書を作成すること。それは、フランシスコ・ザビエルの初来日以来、イエズス会宣教師たちの宿願でした。

『どちりな　きりしたん』は、カトリックの教義を問答体で平易に説く、教理問答（カテキズモ）の一種です。

フランシスコ・ザビエルは、日本人信徒第一号であるヤジローの協力を得て初めて基本的な教義書を作りました。これに、代々の来日宣教師たちが、手を加え整えていき、ヴァリニャーノの頃にようやく完成を見たのがこの『どちりな　きりしたん』なのです。

現在日本のカトリック教義は『公教要理』として教会・信徒の間で共有されていますが、この『どちりな　きりしたん』と内容を比較した場合、根本教義の要点は完全に同一です。イエズス会より遅れて来日した、ドミニコ会やフランシスコ会の宣教師たちによって、何の支障もなく用いられたといいますから、当時キリシタン禁令の下、司祭による教えを受けられなくなりつつあった日本人信徒にとって、信仰の大きな支えとなったことはいうまでもありません。

四種のどちりな　きりしたん

現存する、キリシタン版『どちりな　きりしたん』は、次の四種があります。

1．どちりいな　きりしたん　１５９１年　加津佐刊、国字、ローマ・バルベリニ文庫蔵
2．Doctrina Christan　１５９２年　天草刊、ローマ字、東京・東洋文庫蔵
3．Doctrina Christan　１６００年　長崎刊、ローマ字、東京・水府明徳会蔵
4．どちりな　きりしたん　１６００年　長崎刊、国字、ローマ・カサナテンセ文庫蔵

これら四種の異同を以下簡潔にご案内しましょう。

『どちりな　きりしたん』を必要としたのは、まず日本人キリシタンと入信予定者です。そしてこれを説明し、普及させていく、西欧宣教師にとっても不可欠な現地テキストでした。よって、日本語（国字）で書かれた日本人用と、日本語を読み、発音できるようにローマ字で書かれた宣教師用の二種を発行しなければなりません。同時にローマ字本で、西欧人で

ある宣教師たちが日本語を学習したものと考えられています。

つまり、上の1.(1591年　加津佐刊)と2.(1592年　天草刊)は、誤記や微細な発音の違いを除外すれば、国字とローマ字で表記を書き分けた同一の書となります。同様に、3.(1600年　長崎刊)と4.(1600年　長崎刊)も国字、ローマ字の同一内容の書。八年間の刊行時期の隔たりによって、1.2.を前期版、3.4.を後期版と一般的には呼んでいます。

なお、当時の日本語の発音を正確にたどれる『どちりな　きりしたん』ローマ字本は、中世日本語を研究する国語学の第一級史料として、今日も研究者・専門家の間でなくてはならない学術文献とされているのです。

全巻の構成、各章の内容と要点については、前期版、後期版の間に大きな差異はありません。しかし八年の歳月が流れ、社会情勢が大きく変わり、前期版での布教の過程で生じた様々な課題を解決するために、内容や論点を加筆・修正した改訂版を求める声が、日本人信徒と宣教師の双方からあがってきたものと思われます。

こうして、新たに再編集された改訂版が、1600年発刊の二種後期版です。

日本人にとって、どのような点が布教の可否を左右したのか。以下、前期版から後期版への改定ポイントを見ていくと、当時の日本人の宗教観や価値体系が垣間見え、興味深く感じられます。

〈前期版と後期版の異同概要〉

・国字本の書名、前期『どちり(い)な きりしたん』から、後期『どちりな きりしたん』へ

日本人の発音グセを考慮したのでしょうか。

・全巻の章数が、前期版では第十二まであるが、後期版は第十一まで

前期版が誤って「第八」の章数を脱し、第七から第九へと飛んでいたため。後期版で正しい章数に改められました。

・国字本の表記、前期は他の日本の書物と同様の平均的な漢字仮名交じり文であったのに対

し、後期では漢字を極度に減らしほぼ全文が平仮名表記となっている

布教対象を当初の支配階級・知識層から、一般庶民へと広げていくため、仮名表記で誰でも読めるようにした、という説があります。しかしかえって仮名のみの表記は、日本人の文章読解を必ずしも容易にしません。

『どちりな きりしたん』は、日本人信徒の間で、教義を理解、学習するためだけではなく、祈りを唱えるように、音読・暗誦したのではないかとも考えられています。漢字は読みが同定できにくいため音読できる仮名にしたのかもしれません。

たとえば、ルイス・フロイスの『日本史』には以下のような一文があります。

「かの度島では、子供たちは毎日朝方ミサに与りに来て、正午にもう一度やって来て、教会では修道士を思わせるような謙虚な態度で教理（ドチリナ）を暗誦した。少年たちはミサ答えを心得ており、〔パーテル・ノーステル〕、〔クレド〕、〔サルヴェ・レジーナ〕、デウスの十戒と教会の掟、諸聖人の連祷、聖母マリアへの連祷、詩編、聖霊と聖体の秘跡の讃美歌、ミサ玄義の要約、御受難の出来事を暗記していた」

・前期版ではキリスト教の概念と用語を日本の既存宗教用語（神道・仏教・儒教）を充てて

訳語としていたが、後期版では原語のまま使用している

フランシスコ・ザビエルは初来日の折、今日の〔神〕であるデウスを、同伴の日本人信徒ヤジローの示唆により〔大日〕と訳していました。これは後にデウスと改められましたが、どちりな きりしたん前期版発刊の頃までは、日本人がイメージしやすいように日本の宗教用語を充てて表現していたのです。たとえば、前期版の序では、デウスを儒教の〔天命〕と訳し、仏教用語である〔安心決定〕という言葉を使用しています。

〔前期版〕　言葉は俗の耳に近く、儀は天命の底を極むる者也
〔後期版〕　こと葉はぞくのみみにちかく、儀はD（デウス）のたかきことはりをあらはす者也

〔前期版〕　此どちりいなは一切のきりしたんの為に、安心決定の一道なれば
〔後期版〕　これ一さいのきりしたんのちゑのまなこをあきらむるをしへなれば

イエズス会による熱心な布教活動の結果、宣教師と日本人信徒の間で交流と信頼関係が強められ、既存宗教の借り物に過ぎず、また誤解と混乱を招くこれらの訳語が後期版より放逐

されたのでしょう。

・総体的に同内容であっても、前期版に比べて後期版は、論点を明快にし、難解な教義については、箇条書き等を使用し、簡潔かつ豊富な内容を盛り込んでいる

たとえば後期版の「第一章　キリシタンといふは何事ぞといふ事」では、重要な教義である、三位一体《さんみいったい》・受肉《じゅにく》・処女懐胎《しょじょかいたい》・贖罪《しょくざい》の死などについて、相当踏み込んだ解説が付加され、文意がいっそう明確となっています。このようにして、日々の宣教活動を通じ、日本人信徒から寄せられる疑問点を整理し、新たな見地を回答として反映していったものと予測されるのです。

各章の概要

序

イエス・キリストの教えの中でもっとも大切なのが、すべての人が来世に救われるまことの道を広めること。そのためキリシタンの教えをこの『どちりな きりしたん』にまとめ出版する、と告げます。

あらゆる人に向け、やさしい言葉を使用しているが、内容は気高き神の理を表しており、キリシタンたちがまことの道を進む根本となる、と序文で宣言しているのです。

第一　キリシタンとは何か

以下、師と弟子の問答体で全巻、キリスト教の教義が説かれていきます。

第一では、唯一神デウスが全能かつ万物の創造主であること、神を信仰することで来世に救済されること、霊魂は不滅であることなど、キリスト教の根本を概説。とりわけ信仰が大切なことを「万一の時には死をもかえりみず、言葉にも行いにも信仰を表すべき」とキリシタンの覚悟を促すのです。

第二　キリシタンのしるしとなる、聖なる十字架

教会の準秘跡の内最初のもので、すでに使徒時代にあったといわれる十字架のしるし。まずイエス・キリストと十字架についてそのいわれが詳細に説かれ、具体的な十字架のしるしのつけ方、言葉の唱え方が伝授されます。これは今日の教会でもそのまま行われている方法。師が引用する聖グレゴリオの逸話で、無信仰の者でさえ十字架の言葉を唱えることで悪魔を退散させることができたと紹介し、キリシタンにとっていかに十字架が大切なものかを強調しています。

第三　主祷文《しゅとうぶん》の祈り

主祷文（パーテル・ノーステル）は、今日教会でも唱えられている、もっとも大切な主の祈り。

新約聖書マタイによる福音書、「山上の垂訓」の中でイエスの言葉として収められています。

天にまします我らの父よ
み名の貴《とうと》まれんことを。み国の来たらんことを
み旨《むね》の天に行わるるごとく、地にも行われんことを

師は祈りについて、「祈りは私たちの願いを天に通じ、神へ申し上げた望みが叶えられるためのかけ橋なのです」と明快に定義します。
以下、主祷文の一文一文について、詳細に説明を加え、「主祷文の祈りこそ最上」と締めくくっているのです。

第四　アヴェ・マリア（天使祝詞《てんししゅくし》）

聖母マリアへの祈り。

めでたし聖寵《せいちょう》満ちみてるマリア。主おん身と共にまします
おん身は女のうちにて祝せられ、ご胎内のイエスも祝せられ給う
天主のおん母聖マリア

罪人なるわれらのために、今も臨終の時も祈り給え
アーメン

神以外の諸聖人と聖母マリアに対して祈る理由、聖母マリアの位、ロザリオの祈りの方法などについて、順次くわしく説かれていきます。

ロザリオの祈りとして、それぞれにイエス・キリストの生涯をあてはめた「喜びの観念五箇条」、「悲しみの観念五箇条」、「栄光の観念五箇条」を黙想しながら、主祷文と天使祝詞を唱える方法が伝授されます。

「なぜ神以外の聖人や、祭壇の木像・肖像画を拝み、祈るのか」という質問とその答えは、信徒ならずとも興味深いものです。

第五　サルヴェ・レジナ（聖母への祈り）

アヴェ・マリアとともに、聖母マリアへ捧げられる祈りが、サルヴェ・レジナ。

「めでたし元后《げんこう》」という意味をもつサルヴェ・レジナは、今日カトリック教会において、「元后あわれみの母」の祈祷文として知られています。本章では、聖母マリアとその他の聖人に対する信心や祈り、その祝日を重んじる意義についても五つの理由をあげて説明し、信

仰の助けとしているのです。

第六　使徒信経、ならびに信仰箇条

キリスト教教義のエッセンスともいうべき使徒信経と、それらを一つずつ箇条書きにした信仰箇条。信仰箇条が十二箇条にまとめられたのは、聖霊の導きにより十二人の使徒が一箇所に集められたことにちなむ、と説明されます。

そして、唯一神による天地創造、創造主と被造物の違い、三位一体の玄義、聖母マリアの処女懐胎、キリストが降った大地の底、三日後の復活、聖霊の力、最後の審判、永遠の命など、キリスト教の核心となる教義が明らかにされる、本書の白眉です。

第七　神の掟、十戒

神の掟の戒律、十戒について詳述しています。唯一神の崇敬、神の名においていたずらに誓わぬこと、安息日の厳守、父母への孝行、不殺の戒めなど、善行のための十箇条を明示。

これらは、究極的には「なによりも神を愛す」、「わが身同然に隣人を愛す」、この二箇条に集約される、としています。

以下、十戒の一つ一つについて具体例を挙げて解説。
　第五項目では不殺の戒律について、弟子が「罪を犯した家来を主君は成敗できないのか」と質問をします。師は「犯した罪の重さと主君の権限によっては可能」と回答。将軍不在の戦国末期日本において、主従の関係がどのように変化していったのか、また司祭たちは政教に関してどのような現地判断を下していたのかが垣間見える問答です。

第八　聖教会の掟

　神の掟に加え、公会議とローマ教皇が定めた聖教会の掟。これも、すべてのキリシタンが守らなければならないものです。各地域で定めた掟もありますが、ここでは全教会が共有すべき五箇条があげられます。

第一　聖なる主日、日曜日にはあらゆる仕事を休むべし
第二　聖なる主日、日曜日にミサをあげるべし
第三　聖教会より定められた日に大斎を執り行うべし
　加えて聖金曜日と聖土曜日は肉食をしてはならない
第四　一年に一度、告解すべし

第五　復活祭の前後に聖体の秘跡を授かるべし

本書の前期版と後期版で、骨子は変わりませんが、この五箇条の一部と回答文の内容、分量が大きく異なっています。

前期版では、第五として「教会へ初穂（教会維持費）を納めること」が立てられていますが、後期版にこの項目はなく、代わりに第二「主日にミサをあげる」が置かれているのです。これは後期版出版時にキリシタン禁令が出され、迫害が始まっていたため、教会への献金が難しくなっていたため、と考えられています。現に長崎コレジヨの印刷所運営も経済的に困難となっており、『どちりな きりしたん』国字本の印刷は、長崎の町年寄、後藤宗印に委ねなければならなかったのです。

また、第一、第二、第三の各項目について、師の回答文が大幅に加筆され、内容がいっそう緻密、かつ現実的になっています。これは日本人キリシタンの当時の生活状況を配慮したもので、全般的に主日の労働休止やミサ参列の基準を大幅に緩和。病者や社会的弱者へは主日・ミサ・大斎の義務が免除され、武士階級のキリシタンへは、合戦や築城による掟の不履行を咎めない内容となりました。

第九　七つの大罪の科

人間が犯す、根源的な七つの罪を大罪の科とよびます。

第一　高慢　第二　貪欲《どんよく》　第三　邪淫《じゃいん》　第四　怒り　第五　暴食　第六　嫉妬　第七　怠惰

これらの罪を犯すことで、人は神に与えられた霊魂の恩寵を失ってしまうのです。これにより、肉体が死ぬと、霊魂に恩寵がないため、天国へ行けず地獄に落ちてしまう、と説きます。

そして、そのような時は教会へ通い、善行を積み、罪を悔い告解することで赦される、と諭しているのです。

また、大罪よりも軽く、赦されやすい小罪の科にも注意すべき、と教え導きます。

第十　聖教会の七つの秘跡

イエス・キリストが自らの恩寵と功徳を与えるために定めた七つの秘跡。これらを授かることによりキリシタンは来世に救われる、としています。

一　洗礼　二　堅信　三　聖体　四　告解　五　終油《しゅうゆ》　六　叙階《じょかい》　七　結婚

以下、弟子の問いに答えながら、一つ一つの秘跡についてくわしく解き明かしていきます。

キリシタンになるために必ず受けなければならないのが、洗礼の秘跡。戦国期の武士階級において、入信を希望しながらもついに洗礼を受ける機会がなく、命を落としてしまう者もあったのでしょうか。原則、洗礼を授からなければ、キリシタンではなく来世に救われることはありません。しかしそうした人をも救済するため、神は「望みの洗礼」と「血の洗礼」を特別に定められた、と説きます。

「洗礼を授かる機会を得られなかった人。その人が信仰ゆえに命を奪われたなら、その身から流された血によって殉教者の位に列なるために、来世は救われます」

1597年に起きた「日本二十六聖人」の殉教。キリシタンへの弾圧・迫害が強まっていたこの時期、とりわけ信心をもちながらも司祭に会う機会をもてなかった日本人の間で渇望されていたのが、この二つの洗礼ではなかったでしょうか。

また、第七　結婚の秘跡については、他の秘跡と比べより多くの紙幅が割かれます。日本の武家社会において、家を存続させるため、側室や妾を置き後嗣を確保することは、古くからの慣習。神が定めた一夫一婦の結婚の秘跡を、利と得の観点から情理を尽くして説き進めています。しかし中には承服しない者もあったのでしょうか。

「甘いものを嫌い、苦いものを好む者も多少はいる」

と、長年の日本人の婚姻風習に手をこまねくしかなかった場合もあったのかもしれません。豊臣秀吉が教義の大半に理解を示しながらも、結婚の秘跡のみは頑として受け入れなかった、という伝聞もあります。

今日、この七つの秘跡は、誕生時の洗礼から、臨終の終油まで、信徒の人生の節目節目に密着したものといえましょう。

第十一　その他、キリシタンにとって大切なこと

その他の教義について、補足的に概説する最終章。すなわち以下の各教義です。

・十四の慈悲の行い　・三つの神に対する徳　・四つの根本的な徳　・七つの聖霊の賜物
・祝福（真福八端《しんぷくはったん》）　・告解の祈り

この内祝福は、前述の「山上の垂訓」にある、イエス・キリストのもっとも名高い教えです。

一　さいわいなるかな心の貧しき人、天国は彼等のものなればなり
二　さいわいなるかな柔和なる人、彼等は地を得べければなり
三　さいわいなるかな泣く人、彼等は慰めらるべければなり

人類史上、もっとも美しく厳かで、愛に満ちあふれたイエスの言葉。極東の国の異教徒たちは、初めて触れる人の世の真実に、大きく目を開かされたに違いありません。

本年、平成二十九年二月、戦国期のキリシタン大名、ユスト高山右近の列福式が大阪で執り行われました。

国内外より参集した一万人の参列者が見守る中、ローマ法王の「福者承認宣言」が、アンジェロ・アマート枢機卿により読み上げられ、右近の列福が祝せられたのです。


高山右近は数多いキリシタン武将の中で、もっとも敬虔な信者とされています。豊臣秀吉の棄教令を拒んで領地を追われ、１６１４年には徳川幕府より国外追放され、フィリピン・マニラに到着。現地カトリック教会の盛大なる歓迎を受けながらも、病に倒れ、わずか四十日で帰天しました。

勇猛果敢な戦国武将として数々の武勲をあげ、実は秀吉にも信頼され、愛されていたといいます。また、領民に対しては深い慈愛を注ぎ、父ダリオとともに貧しい一領民の棺を領主自ら担い、葬送したエピソードが今に伝えられているのです。

茶道では利休七哲の一とされるほど深く一道を追求。和歌を詠み、能舞の名人でもあったといわれ、数寄の第一人者でもありました。

敵味方の別なく、異教徒にも愛された、ユスト右近。キリシタン禁令により、見知らぬ異国へ向かう船の中、右近にとって、海図よりも『どちりな　きりしたん』は、もっとも信頼できる導きの光であったに違いありません。同地で果てた右近の霊魂は、この四百年後の福音をどのように受け止めているのでしょうか。

混迷を極めた戦国期、キリスト教に初めて触れる日本人に、神と信仰の尊さを伝えた『どちりな きりしたん』。

刊本のほとんどは、江戸幕府による徹底したキリスト教廃絶政策により失われてしまいました。

しかし歴史の陰で伝えられてきた『どちりな きりしたん』の教えは、時間とともに色あせるどころか、ますます耀きを増しているのです。この名著をあらゆる人に手に取ってもらえる形でお届けできることを、心より感謝いたします。

クリスチャンの方はもちろん、これまで宗教書にはあまり縁のなかった方にも、この善き言葉が伝えられますように。✚

平成二十九年夏　　水野　聡

日本のキリシタン史略年譜

１５４９年　フランシスコ・ザビエル来日
１５８７年　秀吉が天正禁令（伴天連追放令）を発布
１５９７年　三木パウロらが処刑される〔二十六聖人殉教〕
１６１２年　家康がキリシタン禁制を表明。幕府が有馬領などにキリシタン禁令を発布
１６１４年　在日イエズス会士らを国外追放、禁教令が全国的に発布され弾圧が強まる
１６２２年　イエズス会士Ｃ・スピノラら五十五名が処刑される〔元和大殉教〕
１６３０年　幕府により、キリスト教関係書籍の輸入が禁止される〔寛永禁書令〕
１６３３年　中浦ジュリアンらが殉教
１６３９年　家光が諸大名にキリシタン禁制を厳命。キリシタン禁制とポルトガル船の来航が禁じられる
１６４４年　国内最後の神父である小西マンショが殉教
１６５４年　幕府により、キリシタン禁制の高札が立てられる
１８７３年　キリシタン禁制の高札が撤去される

どちりな　きりしたん　本文

序

主イエス・キリストがご在世の時、弟子たちに告げられたことの中でとりわけ大切なのが、「すべての人間が来世に救われるまことの道を広めよ」ということです。これはあなたたちにもお教えしました。

そしてこれは、福音史家《ふくいんしか》たちのいう通り、三つのことに極まります。

一つ、信仰すること
二つ、信頼すること
三つ、つとめを行うこと

これらです。まず一つ目の信仰するということは、人智の及ばぬ、道理を超えたもので、信徳という神に対する徳にあたります。もしもこれらを知らなければ、来世の道について迷うことが多いでしょう。

また、信頼する、とは神に対する徳の一つ、望徳にあたります。これはすなわち、神がキリシタンに約束された来世を望み、信じることです。この望徳をもたない人は、苦難に際し、頼るものがないので力尽きてしまうこともあるかもしれません。それは霊魂の大いなる障害ともいえます。

さて、つとめを行う、ということは、神に対する徳の一つ、愛徳にあたります。これを心得なければ、神の掟にたびたび背いてしまうことでしょう。

この三つの徳目、善行は、キリシタンにとって重要なため、福音史家として名を得た善人たちは、これらについて多くの書物を遺しました。今、それらの中から肝要なものを選んで出版し、迷いの闇を照らす鏡とします。キリシタンに来世が重要なことを教えるために、管区長の命により、当小著を編集し、『どちりな　きりしたん』と名付けました。これは、「キリシタンの教え」という意味です。

日本国民のすべてがたやすく主旨を理解できるように、平易な言葉を使っていますが、内容は神の気高い理を表しています。この理をすみやかに理解するために、師と弟子による問答体としました。

当著はすべてのキリシタンへ、叡智《えいち》の眼《まなこ》を開かせる教え。誰もが習い、わきまえ、知って、迷いの闇を逃れ、まことの道を歩む根本となるべきものです。

第一　キリシタンとは何か

師　キリシタンになる者は、その教えの真実肝要な旨を聴聞することが大切です。あなたはそのいわれをよく聞きましたか。

弟子　ご説法の主旨をよく聴聞し、神のみ光に照らされてキリシタンとなりました。

師　理解できましたか。

弟子　多くのことがわかりました。

師　その内容をすべていう必要はありませんが、どの程度理解できたか知りたいと思います。一番大切な教えをいってみなさい。

弟子　一つ目の教え。何一つないところに、種もなくして天地万物を創り、存在させられた方。これら万物を思いのままに支配・統治される造物主にして、諸善万徳の源であられる方。はかりなき知恵により、すべてをかなえる自由自在の主であられる、神ご一体がまします、ということです。

二つ目。すなわちこの方が私たちの現世来世ともに決定され、善悪の報いも正しく与えられる主だということ。このご一体を礼拝し、尊ばずして来世の救いを得られることはありません。

三つ目。主なる神は、父と子と聖霊の三つの位格をもたれますが、実体、すなわちご正体はただご一体であるという教えです。
四つ目。聖なる神は、人間が一切の罪を贖《あがな》い、来世に救済される道を教えるために天下られました。人性とよぶ、私たちと等しい霊魂と肉体をその身に受け、夫婦の交わりなくして聖処女マリアよりまことの人として生まれたのです。そしてついに十字架に掛けられ、人性をもつ人間としては亡くなられました。
五つ目。来世救済の道は、キリシタンの教えの中にのみあります。すなわち、キリシタンになることなしに来世に救われることはありません。
私が理解したのは、これらのことです。

師　人間については、何を理解していますか。

弟子　人間は肉体だけではなく、不滅の霊魂をもっています。この霊魂は肉体に生命を与え、たとえ肉体が滅び、土や灰になったとしても魂が滅びることはありません。人は善を行うか、悪を行うかの違いによって、来世の苦楽が決められるのです。

師　よく理解されました。「公教要理《こうきょうようり》」という最初の説教の道理以外にも、キリシタンとして知っておかねばならないことは多いのです。

弟子　そのように聞いていますので、ご教化いただきたいと願っています。

師　私も願うところです。キリシタンになるのは、どのような方のおかげだと思いますか。

弟子　神の恩寵によって、キリシタンになります。

師　神の恩寵によって、とはどういうことかわかりますか。

弟子　それがまだよくわからないのです。どうかお教えください。

師　神の恩寵によって、とは自分自身、父母など被造物の力ではなく、ただ神の慈悲と主イエス・キリストの功徳によってキリシタンになることを指します。

弟子　人々がキリシタンになる時には、どのような位を授かるのでしょうか。

師　神の養い子として、天国への資格を受け継ぐ身となります。なぜならば、洗礼を受ける人々を神はこの位へ上げようと思われるからです。

弟子　それではキリシタンではない人は、どうでしょうか。

師　洗礼を受けていないため、神の養い子とならず、天国の資格も授かることはありません。

弟子　キリシタンとはどのような人ですか。

師　主イエス・キリストの教えを心中に信仰としてもつばかりではなく、言葉と行いにより自ら表す人です。

弟子　どうしてそのようにいうのでしょうか。

師　すべてのキリシタンは、主イエス・キリストが聖なる存在でましますことを心より信仰することはいうまでもなく、万一の時には死をもかえりみず、言葉にも行いにも信仰を表すべき。その覚悟がもっとも大切だからです。

弟子　キリシタンという名称は何から取られたのでしょうか。

師　キリストから取った名です。

弟子　キリストとは、どのような主でいらっしゃいますか。

師　まことの神、まことの人であられます。

弟子　まことの神であられる、とはどういう意味ですか。

師　全知全能のおん父、神のまことの一人子でいらっしゃる、という意味です。

弟子　まことの人であられる、という意味は。

師　聖処女マリアの本当の一人子でいらっしゃる、ということです。

よって、キリストは神の存在として天に母をもたず、人の存在としては地に父をもっておられないのです。

弟子　キリストの名は、何に由来するのでしょうか。

師　キリストとは、「聖なる油を塗られた」という意味。

その昔、帝王、司祭、預言者の三人が聖なる油を塗られました。主イエス・キリストは、人の存在として帝王の中の帝王、司祭の中の司祭、預言者の中の預言者であられるため、通常の聖油の代わりに、聖霊の恩寵《おんちょう》を満ちあふれるほどにおもちです。それゆえ、キリストと称えます。

第二　キリシタンのしるしとなる、聖なる十字架

弟子　キリシタンのしるしとはどのようなものですか。

師　聖なる十字架です。

弟子　それはどうしてでしょうか。

師　私たちの主イエス・キリストが、十字架の上で私たちを自由にしてくれたからです。それゆえキリシタンはすべて、私たちの光である主イエス・キリストの聖なる十字架に対して、心の及ぶ限り信心をもたねばなりません。

弟子　私たちを罪科より逃れさせるために、かの十字架に掛けられん、と望まれたからです。私たちを自由にする、とはどういう意味ですか。

師　悪魔に捕らわれた私たちを先祖代々の監獄から逃れさせる、ということです。

弟子　私たちはなぜ捕らわれたのでしょうか。

師　悪魔と自分自身の罪科の奴隷だからです。主のお言葉に、

「罪科を犯す者は、悪魔の奴隷である」

とあります。すなわち人は大罪を犯せば、悪魔がその者を操るので、奴隷になってしまいます。

ところが、十字架に掛けられる道によって、定められた洗礼、あるいは告解の秘跡を受けることで、主イエス・キリストが与える恩寵により、その人の諸々の罪科は赦されるのです。

この十字架の功徳によって、主イエス・キリストが悪魔の奴隷となった人を取り返してくださる、というのです。

奴隷となった人を取り返して、自由にしてくださることは、深き重恩です。さらに奴隷にした者の非情を深く思い知ることとなり、今取り返してくださった恩徳もいっそう強く感じられるはず。奴隷であった時の主人が辛くあたればあたるほど、取り返された恩もより深くなります。

私たちの主イエス・キリストの恩寵により、悪魔の手から罪人を取り返し、自由にしてくださる、この御恩の深さはいかばかりでしょうか。

弟子　キリシタンは、十字架の言葉を何通り唱えるのでしょうか。

師　二通り唱えます。一つ目は、右手の親指を額と口と胸につけ、十字架の言葉を唱えるのです。

弟子　その三つの言葉とは、どのようなことを唱えるのですか。

師　「われらが主、聖なる十字架のおんしるしをもって、われらが敵を退散させたまえ」と唱えます。

「われらが主、聖なる十字架のおんしるしをもって」という一句を唱えながら額に十字を結ぶ。「われらが敵を」という句で口に十字を唱え、「退散させたまえ」で胸に十字を唱えるのです。

弟子　額、口、胸の三箇所で十字架の言葉を唱えるのは、どのような理由からですか。

師　額に唱えるのは、神に対する妄念を除くためです。口に唱えるのは、悪口や嘘をいわぬため。胸に唱えるのは、心より出る悪しき行いから逃れられるようにするためです。

悪魔にとって、十字架ほど恐ろしいものはありません。そのため私たちの身体の上で十字架のしるしを常に唱えなくてはならないのです。

その理由を述べましょう。

悪魔は霊なので、いかなる武器をも恐れません。しかし、主イエス・キリストが十字架の上で死ぬことにより、悪魔をからめ捕って人を自由にされたため、悪魔に自ら近づこうとする者以外は、害を与えられないようにしてくださいました。そのため悪魔は、十字架をはなはだ恐れるようになったのです。

弟子　からめ捕られた悪魔が、どうしてこれほど人に害を与えられるのでしょうか。

師　たとえ話でいうとすれば、綱でつながれた虎や狼は、側へ近づく者にだけ食いつくもの。

それと同じように、主イエス・キリストが十字架の上で悪魔をからめ捕ったとしても、罪を犯して悪魔の側に近寄った者にだけ、害を与えるのです。

どのような大罪であっても、犯す時には悪魔に近づき、罪を捨てようとする時には、悪魔の側から離れます。

こうしたことはすべて、十字架の上で死んだ主イエス・キリストの功徳によってなされたことと、悪魔はよくわきまえているので、十字架を大いに恐れるのです。

聖ヒェロニモ[1]は、「犬が打たれた杖を見ただけで、恐れて逃げるようなものである」といいました。

聖グレゴリオ[2]は、あるユダヤ人についてこう書いています。

「信仰をもたず、十字架を用いたこともなく、むしろそれらを軽んじている者がいた。ある時彼は、悪魔が大勢群がるところに入ってしまい、大変怖れ、害を与えられないように、あわてて自分の身体の上に十字架の言葉を唱える。悪魔はたちまち逃げ去って、こういった。『信仰をもたぬ空っぽの器であっても、十字架の言葉を唱えられたので害することができなかった』と」

信仰をもたない者であってさえ、十字架の言葉によって悪魔を退散させられます。

ましてや、善きキリシタンがこれを唱えれば、どれほどの効力を得られることでしょうか。

弟子　一通りの十字架の唱え方はわかりました。もう一通りの唱え方を教えてください。

師　もう一つは、右の手で額から胸へ、左の肩から右の肩へ十字を切って言葉を唱えます。唱える言葉は、「父と子と聖霊のみ名によりて　アーメン」です。これは、「父なる神とおん子と聖霊の名によって」という意味となります。

「父と」と唱える時、手を額に指し、「子と」と唱える時胸を指す。「聖霊の」で左の肩、「み名によりて」で右の肩を指しなさい。

弟子　その唱えは、何のためのものですか。

師　私たちをその似姿に創られた、神と子と聖霊、すなわち三位一体の神をあらわし、尊ぶためのものです。

弟子　その他には、どのような意味がありますか。

師　主イエス・キリストが十字架に掛けられ、私たちを救われたことをあらわし、敬うのです。

弟子　この十字架のしるしは、どのような時に唱えればよいのでしょうか。

師　何かを始める時、あるいは就寝する時、家を出る時、教会へ入る時、食事の始め、とりわけ困難に見舞われた時には、これを唱えなさい。

弟子　そのようにたびたび唱えるのは、どのような理由があるのでしょうか。

師　神が私たちを敵の手から逃れさせるためですから、どのような時にも、何度でも唱えるとよいのです。

弟子　ものごとを始める時に唱えるのは、どうしてですか。

師　ものごとを敵に妨げられないために。それが神への奉仕と神の栄光となるためにです。

弟子　私たちの敵とは何者ですか。

師　世間、悪魔、肉体です。

弟子　なぜこれら三つが、人間の敵といえるのでしょうか。

師　霊魂に対し、しきりに罪を犯させようとするけれど、かなわないため、悪をすすめ、その道に人間を引きずり込もうとするので、敵というのです。

弟子　これら三種の敵が起こす悪のすすめと、善の妨げとなる誘惑を神が止めないのは、なぜですか。

師　人がそれらと戦い、神の合力により勝利を得て、その褒美を受け取るためです。

弟子　悪魔はどのように人間を誘惑するのでしょうか。

師　人の心に悪念を起こし、また罪に陥るきっかけを私たちの前に置くのです。

弟子　悪念はどのようにすれば防げますか。

師　その方法は多くありますが、とりわけ三つあります。一つ目は、心に悪念が起きてしまった時、それを善心と置き換えるのです。二つ目は、胸に十字架の言葉を唱えること。三つ目は、聖水を額に注ぐのです。

弟子　罪のきっかけとなる悪の原因とそれへのつながりをどのようにして防げばよろしいですか。

師　一つ目は、そのつながりから逃れること。二つ目は、祈りを唱えること。三つめは、善き導きを得て、聖典を読み、味わうことです。

弟子　世間を敵だといわれましたが、私たちにとってそれはどのようなものでしょうか。

師　世にある悪行と悪習、また悪人をも含めて「世間」とよぶではありませんか。

弟子　それでは、世間はどのように誘惑するのでしょうか。

師　今いった悪行や悪習、悪人との雑談などにより、みだりに人の心に悪因を起こさせるのです。

弟子　それらのことを防ぐ方法はありますか。

師　神の掟とともに、主イエス・キリストをはじめ、善人たちの善き行いを鑑とすること。さらに四終である「死」「審判」「地獄」と「天国」の快楽を思い出すことです。

弟子　なぜ、肉体は敵なのですか。

師　アダムより受け継がれた原罪[3]によって、生まれつき悪しき肉体を敵といいます。それに加え、自らが犯した罪科によって、悪性が満ち満ちた肉体を指してそのように名づけられました。

弟子　肉体は、なぜ誘惑するのでしょうか。

師　身に備えた悪しき生まれつきと悪しき性向により、心中にいたずらな望みを起こさせ、罪へと傾かせるのです。それはまた心をもくらまし、悪がわからないようにしてしまいます。生まれつきの悪とは、根源的な欲望、依存、愛憎、悲喜、恐れ、怒りなどです。

弟子　キリシタンは、何を唱えますか。

師　聖なるイエスのみ名です。

弟子　それはどうしてでしょうか。

師　イエスとは、「救い主」という意味。これにより、私たちの難義に際し、生きるか死ぬかの時、お救いくださるようにイエスの聖なるみ名を唱えるのです。

すなわちイエスの聖なるみ名を唱える時も、耳にする時も、深く尊崇しなければなりません。

1 聖ヒエロニモ Hieronymo. ３４２年頃～４２０年。教会博士。

2 聖グレゴリオ Gregorio. ５４０年頃～６０４年。ローマ教皇。

3 原罪 人がみな祖先から受け継いだ、生まれつきもっている罪。このため人間は聖寵を失った状態で生まれてくる、とされる。

第三　主祷文の祈り

師　ローマのカトリック教会より伝わる祈りを教えましょう。
これに続けて、キリシタンが信ずべき教えとつとむべき作法も述べていきます。
それらは以下の「主祷文《しゅとうぶん》の祈り」、「アヴェ・マリア（天使祝詞《てんししゅくし》）」、「サルヴェ・レジナ（聖母への祈り）」、「使徒信経」、「十戒」、「教会の掟」に含まれるものです。
これらすべてをおざなりにせず、ひたすら信じ、つとめねばなりません。

弟子　善悪の判断ができる年齢に達したキリシタンが知らなければならない大切なことは、どのようなものがありますか。

師　三つあります。一つは、神に深く頼る。二つは神を深く信じ、三つは正しく行う道を知ることです。

弟子　神に深く頼るためには、どのようにすればよろしいですか。

師　「主祷文の祈り」から学べます。

弟子　全き信仰にたどりつくためには、何によればよいでしょうか。

師　「使徒信経」、あるいは「信仰箇条」を読みなさい。

弟子　正しい行いを身につけるためには、何を知るべきですか。

師　行いをよく修得するためには、「神の掟（十戒）」と「教会の掟」を知り、悪を避けるためには「七つの大罪」を知らなければなりません。

弟子　正しく信仰し、よく頼り、また身持ちをよく治めるためには、右以外にも大切なものはありますか。

師　とても大切なものがあります。それは神が私たちに直接与えてくださった三つの善です。

正しく信じるための信仰、よく頼るための望徳、正しい行いのための愛徳、これらです。

さて、神に深く頼るためには「主祷文の祈り」を知ることが一番ですので、今お教えしましょう。

天にまします我らの父よ
み名の貴《とうと》まれんことを。み国の来たらんことを
み旨《むね》の天に行わるるごとく、地にも行われんことを
我らの日用の糧《かて》を今日我らに与え給え
我らが人に赦《ゆる》すごとく、我らの罪を赦し給え
我らを試みに引き給わざれ。我らを悪より救い給え

アーメン

弟子 今、お教えいただいた「主祷文の祈り」は、どなたが作られたものですか。

師 かたじけなくも私たちの主イエス・キリストが直接作られたものです。

弟子 何のために作られたのですか。

師 祈りの唱え方を教えるためです。

弟子 祈りとは何でしょうか。

師 祈りは、私たちの願いを天に通じ、神へ申し上げた望みがかなえられるためのかけ橋なのです。

弟子 神はどこにいらっしゃるのですか。

師 天にも、地にも、どこにでもいらっしゃいます。

弟子 「主祷文の祈り」を唱える時、どの文句から私たちの思いを神へ通じさせるのでしょう。

師 第一句の「天にましますの父よ」の句です。

弟子 「主」といわず、「父」というのはどうしてですか。

師 父とお呼びすることで、私たちを愛してくださることを想起させ、頼もしく思って願うためにです。

弟子　我の父といわず、我らの父というのはなぜでしょうか。

師　人はみな兄弟。良き父の子ども同士と思い、互いに愛し合うためです。

弟子　神が「天にまします」とは、どういうことですか。

師　私たちの父も、私たちの願いを託す場所も、ともに天にある。こう思うことで、現世への思いを捨てようとするのです。

弟子　さきほど神はどこにでもいらっしゃるとお聞きしましたが、今また「父は天にある」といわれたのはどうしてですか。

師　神はどこにでもいらっしゃいます。ですが、救われた善人たちにお姿を直接お見せするために、天国を定められたからです。

弟子　どのような言葉で私たちの願いを神に申し上げればよろしいのでしょうか。

師　この後に続く、残りの言葉です。

弟子　残りの言葉で、どのようなことを願うのですか。

師　七箇条あります。

第一には、「み名の貴まれんことを」願います。

その意味は、神のみ名と栄光が世界に広まり、すべての人間の主たる神と、その子、主イエス・キリストを認め、尊敬できますように、となります。

弟子　第二条では、何を願いますか。

師　「み国の来たらんことを」願います。

その意味は、人が悪と罪から逃れ、神とそのみ子、イエス・キリストから、現世においては恩寵《おんちょう》、来世においては栄光により、私たちを自由にしてください、とするものです。

弟子　第三条の願いは何ですか。

師　「み旨の天に行わるるごとく、地にも行われんことを」。

この意味は、天において諸天使が神に仕え、そのご意思にかなうようにつとめると同様、地においてもすべての人間が神に従い、おぼしめしのままにお仕えできますように、となります。

弟子　第四条では何を願いますか。

師　「我らの日用の糧を今日我らに与え給え」。

その意味は、私たちの魂のために日々の糧をお与えください、ということ。具体的には、聖体拝領の秘跡、恩寵、善など、霊的な賜物を乞うことです。また、肉体の健康と生命をつないでいくために必要な物を与えてください、と祈るのです。

弟子　第五条の願いは何でしょうか。

師　「我らが人に赦すごとく、我らの罪を赦し給え」。

これは、私たちが他人よりこうむる恥辱や無礼などを赦すように、私たちが神に対して犯す罪や過ちをお赦しくださいと願うのです。

弟子　それはつまり、私たちが隣人への遺恨を捨てなければ、私たちの罪や過ちも赦されることはない、ということでしょうか。

師　まさにその通り。主イエス・キリストは、「隣人への恨みを捨てなければ、天にましますわが父は、その人の罪を赦されない」とおっしゃいました。

弟子　それでは隣人より受けた恥辱を赦せない者が、この聖なる言葉を唱えることは、「自分にかけられた恥辱を赦さないように、自分の罪も赦されないのだ」という意味で、禁じられるのでしょうか。

師　それは違います。隣人より受けた恥辱を赦せぬほど無慈悲な人であっても、この祈りを唱えることは大事です。

なぜならば、この祈りによって、人に対する遺恨を消し去る効果のある恩寵を願うこととなるからです。その上、教会のみ子たる善人たちが人から受けた恥辱を赦すように、私たちの罪を赦してください、と願うものですので、この祈りを唱えることは決してわが身の害となることはありません。

弟子　第六条は何を願うものですか。

師　「我らを試みに引き給わざれ」と願います。一生の間、善行の妨げ、悪のすすめとなる誘惑に責められようとも、それに負けないために神の恩寵に頼る、という意味です。

弟子　第七条では何を願いますか。

師　「我らを悪より救い給え」と願うもの。霊魂の敵となる罪科と肉体から起こる災いから逃れさせてください、と祈るのです。

弟子　主祷文の祈りより大切な祈りはありますか。

師　これよりも大切な祈りはありません。主祷文の祈りこそ最上です。なぜならば、神へと願う大切な項目をことごとくこの祈りにこめて、主イエス・キリストが弟子たちに教えられたものだからです。

第四　アヴェ・マリア（天使祝詞）

弟子　私たちは神に対してのみ、祈るのでしょうか。

師　いいえ、そうではありません。

私たちの仲介者、天にましますます諸聖人、とりわけ悪人の仲立ちとなってくださる処女聖マリアにも祈りを唱えます。

弟子　処女聖マリアに唱える、決まった祈りはありますか。

師　アヴェ・マリア（天使祝詞《てんししゅくし》）という祈りです。今、教えましょう。

めでたし聖寵《せいちょう》満ちみてるマリア。主おん身と共にまします
おん身は女のうちにて祝せられ、ご胎内のイエスも祝せられ給う
天主のおん母聖マリア
罪人なるわれらのために、今も臨終の時も祈り給え
アーメン

弟子　この祈りはどなたが作られたのですか。

師　聖天使ガブリエル[1]が処女聖マリアに受胎告知《じゅたいこくち》[2]した時の言葉と、聖エリザベト[3]が処女マリアに言上した言葉に、聖教会が言葉を加え、まとめた祈りなのです。

弟子　キリストの母でいらっしゃる、処女マリアはどのような方なのですか。

師　神の母として選び出され、天上では諸天使の上に位《くらい》づけられた方。あらゆる善に満ちみちておられ、天の王妃として上げられた聖なる女性です。それゆえみ子イエス・キリストの前では、すべての聖人よりも優れておられ、思し召しにかなう方。私たちが申し上げることを命じて、かなえてくださるため、すべてのキリシタンは深く信仰しています。

弟子　どうして聖母マリアに対し、百五十遍のロザリオ[4]、あるいは六十三遍のコロナ[5]の祈りを唱えるのでしょうか。

○処女聖マリアのロザリオ、百五十遍の祈り

師　聖母マリアのロザリオの祈りは、主祷文を十五回、天使祝詞を五十回[6]繰り返して唱えます。

これらを主イエス・キリストの生涯にあてて、十五のイメージに分けて念じ、祈るのです。はじめの五箇条は聖母マリアの喜びがテーマとなっているため、すなわち〔喜びの観念〕とよびます。中の五箇条は主のご受難を聖マリアが深く悲しまれたことにより、〔悲しみの観念〕

とします。後の五箇条は主イエス・キリストが復活され、聖マリアが大いに喜ばれたことにちなみ〔栄光の観念〕と名づけているのです。

この祈りのくわしい唱え方は、まず主祷文一回、天使祝詞十回を唱える間、十五の観念の内、一箇条ずつをイメージして、各場面にあらわれる秘跡、謙遜、忍耐、悲しみ、喜び、その他ふさわしい善や徳、あるいは聖マリアが感じ、実行された善徳を神に祈り、私たちにも与え給え、とお願いするのです。

もしもこの百五十遍の祈りを毎日つとめることができないのなら、せめてその三分の一、いずれかの五箇条だけでも、自分の思うように観念して、主祷文五回、天使祝詞五十回を唱えるとよいでしょう。

〇喜びの観念五箇条

第一　天使のお告げにより、主イエス・キリストが処女聖マリアのご胎内に宿ったこと。
第二　処女聖マリアが、聖エリザベトをお見舞いに訪れたこと。
第三　主イエス・キリストご誕生のこと。

第四　主のご誕生より四十日目に聖母マリアが律法に従い、み子イエス・キリストを御堂に捧げたこと。
第五　聖母マリアが主イエス・キリストを十二歳の時に見失う。三日目、御堂において学者にまじり、キリストが教義問答するところを見つけられたこと。

○悲しみの観念五箇条

第一　主が受難に臨み、ゲッセマニの森の中で血の汗を流して祈祷されたこと。
第二　主イエス・キリストが、石の柱に戒《いまし》められて、幾度もの打擲《ちょうちゃく》を受け、耐えられたこと。
第三　主イエス・キリストが、頭に茨《いばら》の冠を押し込まれたこと。
第四　主イエス・キリストが、十字架を担《かつ》がされて、カルワリオ山を登ったこと。
第五　主イエス・キリストが、十字架に掛けられて亡くなったこと。

○栄光の観念五箇条

第一　主イエス・キリストが、亡くなってから三日目に蘇《よみがえ》ったこと。

第二　主イエス・キリストが、蘇ってから四十日目にオリベト山より昇天されたこと。
第三　主イエス・キリストご昇天より十日目に、聖母マリアと使徒たちの上に、聖霊が降臨したこと。
第四　聖母マリアが、昇天を遂げられたこと。
第五　聖母マリアが、天上において栄光のおん冠をいただかれたこと。

○コロナの祈り

右、ロザリオの祈りの他に、処女聖マリアのコロナ（冠）の祈りといって、マリア六十三の年齢にちなみ、主祷文六回、天使祝詞六十三回を唱えることもあります。

主祷文一回、天使祝詞十回ごとに観念したい時は、右ロザリオの祈り十五箇条の内、いずれの箇条でもかまわないのであてはめて念じなさい。

弟子　聖母処女マリアをはじめとして、その他の聖人たちの肖像画も祭壇にお祀りするのはなぜですか。

師　天にましします聖母マリアと聖人たちを思い出し、なにごとであってもその救いを願うためです。主なる神のおん前にて取りなしを頼み、その方たちのご生涯を忘れないことによって、善行を尽くし、学ぼうとします。

弟子　祭壇に飾られた様々な肖像画や木像などは、描かれた絵や彫られた木です。それらが物を見たり、聞いたりすることはないのに、キリシタンがそれらに向かって拝んだり、願ったりするのはなぜでしょうか。

師　キリシタンであれば、祭壇にある多くの肖像を拝む時、それらが自分を見て、願いを聞いてくれると思って拝むはずはありません。

ただ聖人たちの面影をたよりに礼拝することにより、天にまします聖人たちを拝んでいるのです。彼らは、天より私たちの嘆きをご覧になり、申し上げる願いを聞いてくださるので、敬い、拝み、祈ることで神へのお取りなしを頼むこととなります。

弟子　処女聖マリアの肖像画は多種ありますが、ご実体も何人もいらっしゃるのですか。

師　そんなことはありません。天にまします、ただお一人だけです。

弟子　それならば、人々が苦難に直面した時、たとえば「憐み深きおん母」、「我らを救い給うおん方」、「悲しき者へ喜びを与え給うおん方」などと、様々にお呼びするのはどうしてでしょうか。

師　特に理由はありません。ただおん母の取りなしで、神のおん前にて願いがよくかなうため、また、憐みのおん母という立場でいらっしゃることもあり、様々なお恵みを与えてくださるのでそのように称《とな》えています。

弟子　天使祝詞の祈りは、どなたに向かって捧げるのですか。

師　処女聖母マリアへ捧げなさい。

弟子　どのようなことをお願いするのですか。私たちの罪への赦し、恩寵、来世の救いなどを乞うのでしょうか。

師　そうではありません。それらはただ主なる神にのみ乞うことができます。

弟子　おん母には何をお願いできますか。

師　そのような願いを乞うために、み子であられる主イエス・キリストのおん前にて、聖母へ取りなしを頼むのです。

1　聖天使ガブリエル　St. Gabriel.　ミカエル、ラファエルと共に三大天使の一人。神のメッセンジャーの役割を担う。

2　受胎告知　大天使ガブリエルが、神の子キリストが聖マリアに宿られることを告知した。

3　聖エリザベト　聖母マリアの親族。洗者聖ヨハネの母。

4　ロザリオ　聖母マリアへの祈りとそれに用いる念珠をさす。念珠は一個の大きな玉と十個の小さな玉を紐に通して一連とする。これが五つ連なったものがコロナである。玉を一つずつ爪繰りながら、大玉で主祷文、小玉で天使祝詞を唱える。

通常は十五連を唱え、五連ずつ、聖母マリアとキリストの生涯の喜び、悲しみ、栄光の面を観想しつつ唱えるのだ。(『現代カトリック事典』エンデルレ書店　昭和五十七年十二月)

5　コロナ　コロナは「冠」の意。五連からなるロザリオと、冠の祈りを表す。

6　五十回　前後の文脈と『おらしよの翻譯』（１６００年）の記載から推察すると、正しくは百五十回とすべき。

第五　サルヴェ・レジナ（聖母への祈り）

弟子　おん母処女マリアに、神への取りなしを頼む、その他の祈りはありますか。

師　多くあります。聖教会で用いられる祈りが多数ある中でも、とりわけサルヴェ・レジナ[1]という祈りが筆頭です。今ここで教えましょう。

慈悲深いおん母、元后《げんこう》であられるおん身にお礼申し上げる
われらの命、慰め、希望であられるおん身にお礼申し上げる
われら天から追放されたイヴの子ら、おん身に向いて呼ばわり、
この涙の谷でうめき、泣いて、おん身にお願い申し上げる

それゆえわれらがお取りなし役であられるおん身、
憐みの目をもってわれらを顧みたまえ
また、この追放が終わった後には、
ご胎内の貴い実とも申すべきおん子イエスをわれらに示したまえ
すぐれて寛容、深い仁慈、すぐれて甘美にましますおとめマリア
貴い神のおん母、キリストの約束をお受けになる身となるために、
お願いします。アーメン

※日本のカトリック教会の祈祷文「元后あわれみの母」より

※元后あわれみの母
われらのいのち、喜び、希望。
旅路からあなたに叫ぶエバの子。
嘆きながら泣きながらも涙の谷にあなたを慕う。
われらのために執り成す方。
あわれみの目をわれらに注ぎ、
とうといあなたの子イエスを旅路の果てに示してください。

おお、いつくしみ、恵みあふれる
喜びのおとめマリア。

『カトリック教会のカテキズム 要約（コンペンディウム）』（カトリック中央協議会 2010年）

弟子　このサルヴェの祈りは、どなたが教えられたのですか。

師　聖教会の教えです。

弟子　おん母処女マリア以外の聖人にも信心をもつことはできますか。

師　どの聖人に対しても、信心をもつことは大切です。とりわけ守護天使と、その名についた聖人には深い信心をもつべきです。

弟子　信仰の対象となる聖人に、どのような祈りをあげるべきでしょうか。

師　聖教会が教える、それぞれの聖人への祈りがあります。しかしまた、主祷文と天使祝詞の祈りを唱えるのもよいでしょう。

弟子　さきほど主祷文の祈りは神に対して唱える、とお教えくださったのですが。

師　それで結構です。しかし聖人へ主祷文の祈りをあげるべき理由があります。

一つは、その聖人の功徳によって神に憐みを垂れ給え、とお願いするため。

もう一つは、この祈りを私たちのために神へと捧げ給え、と聖人にお願いするためです。

弟子　それでは、聖人に対して信心をもち、その功徳をお祈りするのは、いつがよろしいですか。

師　常日ごろお祈りするとよいでしょう。しかし特に聖教会がその聖人の祝日に定めた日にお祈りすべきです。

弟子　聖教会が、聖人の日をお祝いするのはどうしてでしょうか。
師　理由は多くありますが、主に以下の五つからです。

一つ、聖人をこの世界に生み出された奇跡を見て、神を尊び敬うため。

二つ、聖教会が下界においても聖人を祝し、敬うことを見て、なおさら天においてその栄光がいっそう大きなことを理解するため。

三つ、聖人の生涯とその善徳を知り、自分と同じ人間としてその功績を学ぶため。

四つ、聖人に信心をもち、神への取りなしをお願いするため。

五つ、生前、母なる聖教会に対して死をも顧みず、孝行を尽くしたおん子に対し、死後もこの方たちを崇めるため。

1 サルヴェ・レジナ Salve regina. 聖母への祈り。「めでたし元妃」の意。

第六　使徒信経、ならびに信仰箇条

弟子　これまでの教義は、祈りによって神によくお願いする道を示してくださいました。さてまた、信仰を確かにする道をお教えください。

師　使徒信経とその中にこめられた信仰箇条を理解しなさい。今、ここでお教えしましょう。以下、使徒信経です。

天地の創造主、全能の父である神を信じます。
父のひとり子、聖霊の不思議な力によって身ごもった乙女マリアから生まれ、
ポンテ・ピラト[1]の治下で、責め苦に耐えられ、十字架に掛けられ、
死んで葬られ、大地の底に降りて行かれ、三日後に復活して天へ昇られた、
全能の神、父の右に座り給う主イエス・キリストを信じます。

それより以降キリストは生者・死者の別なく、
人々を正しく導くために、天から下られるのである。
聖霊を信じ、聖カトリック教会、聖徒の交わり、
罪の赦し、身体の復活、永遠の命を信じます。
アーメン

弟子　この使徒信経は、どのようなものですか。
師　信ずべき信仰の要点を書き下したものです。
弟子　使徒信教はどなたが作られたのですか。
師　主イエス・キリストの使徒たちが、聖霊のお導きによって一箇所に集まり、主イエス・キリストのお口より直接お聞きした内容を文章にまとめました。
弟子　どうして一つの文章にまとめたのですか。
師　信仰すべき事柄一つひとつを私たちに教えるためです。
弟子　信仰とは何でしょうか。
師　神が私たちに告げ、知らせることを聖教会の指導の下、固く信じるためにキリシタンの霊魂に神がお与えくださる、人智を超えた恩寵の光り輝く善行です。
弟子　神がお告げになったのは、どのようなことでしょうか。
師　聖教会が信心のために作った教義、とりわけ使徒信経に含まれる信仰箇条です。
弟子　使徒信教に含まれる信仰箇条は何箇条ありますか。
師　これを作った使徒が十二人であったのと同じく、箇条も十二あります。
また、これらを細かく分けて、十四箇条に数えることもありますが、その内の七箇条はキリストの神性にあたり、他の七箇条は人性にあたるように分けられているのです。

しかしここでは、使徒信経を教えることが目的ですので、十二箇条でお教えしましょう。

第一　全能にして、天地を創造された父なる神をまことに信じること
第二　そのひとり子である、我らの主イエス・キリストをまことに信じること
第三　このみ子が聖霊の不思議な力によって宿り、処女マリアより生まれたこと
第四　ポンテ・ピラトの治下で責め苦に耐え、十字架に掛けられ、死んで葬られたこと
第五　大地の底へ降り、三日後に復活したこと
第六　昇天し、全能の神、父の右に座ったこと
第七　それより以降、生者・死者の別なく、人々を正しく導くために天から降られること
第八　聖霊をまことに信じること
第九　聖なるカトリック教会、聖徒たちが親しく交わること
第十　罪は赦されること
第十一　身体は復活すること
第十二　永遠の命をまことに信じること

弟子　最初の箇条、「全能にして、天地を創造された父なる神をまことに信じる」とは、どのような意味ですか。

師　まことの神は、ただご一体のみです。つまり、父と子と聖霊とよぶ、位格は三つになりますが、実体であるご本体は、あくまで一つ。これを一人ひとりのキリシタンは信じなければなりません。

父とはおん親である神、子とは神のみ子を指すもの。聖霊とは、おん親であられる神と、み子より生まれる互いのご愛情です。この最初の一箇条は、三位の内第一番目の位格である、父なる神について述べたものです。

弟子　神は三つの位格をもちながら、まことはご一体である、という理屈がわからないのですが。

師　これは、聖なる三位一体の玄義とよばれ、私たちの信仰のテーマの中で、最上最奥の極意にあたるもの。なぜならば、神は計り知れない広遠な存在であられ、かたや私たちの知恵はわずかで限られたものですから、理解することはできないからです。

たとえ理解できないとしても、神にてまします、主イエス・キリストが直接お示しになられた上は、まことに信じねばならない教義といえましょう。

弟子　この玄義に近づくために、何かたとえはありませんか。

師　あります。私たちの霊魂は、ただ一体とはいいながら、三つの精神活動があるのです。

一つ目は記憶。覚えたことを思い出す力。

二つ目は悟性。善悪を知り、分別する力。
三つめは意志。善を望み、悪を憎み、人を愛する力です。
このように人の霊魂は一体でありながら、三つの精神領域があるように、神もご一体でありながら、父・子・聖霊の三つの位格でいらっしゃるのです。

弟子　「全能にして、天地を創造された」とは、どういうことでしょうか。

師　この言葉の意味は、神は全知全能にして天地万物を何もない無から創られ、ご自身の栄光と私たちの利益のために、それらを支配し、治め、動かしている、ということです。

弟子　主たる神が、何もない無から万物を創られた、という意味がわかりません。なぜならば、被造物はすべて神のご意志、お考えから出てきたように思われるからです。そうであれば「何もない無から創る」とは、どういうことでしょうか。

師　あなたの疑問を解くために、一つの考え方があります。
神のお考えの中には被造物の具体的な形は何一つないのですが、それぞれの諸相が含まれているのです。これをイデア[2]と呼びます。
このイデアという諸相は被造物にはなく、ただ神のご実体なのです。そして万物を創る時、神のお考えにあるイデアに応じて、被造物は神のご実体を分けて創り出すのではありません。ただ一つの物体も用いることなく、創り出されるのです。

たとえば大工が家を建てる時。まずその設計図を自分の頭の中に描き、それに従って家を造るのですが、家は頭の中の設計図そのものではありません。まったくの別物ではありませんか。

このように、神はお考えの中にある被造物のイデアに応じて創り出されるのですが、被造物はイデアそのものではありません。ただ神が万能のお力をもって、何もないところから創られるのです。

弟子　神がお考えの中にある設計図に応じて被造物を創られたけれども、被造物は神の一部分ではなく、全くの別物であることがわかりました。それでは、「何もない無から創る」とは、どういうことですか。

師　「何もない無から創る」ということは、何もないところから、道具も、材料も、種も使わずに出現させるという意味です。

すなわち神は万能の貴い存在であられるため、万物を創造する時、材料も道具も種も必要とせず、ただ「存在せよ」と思召《おぼしめ》すだけで創り出されるのです。よって「何もないところ」から創られます。

たとえば大工が設計図に応じて家を造る時、建材や道具など何も使わずに「建て」と思うだけで、もしも家が造れるのなら、その家は「何もないところ」から造られたとはいえないでしょうか。

弟子　神が何もないところから万物を創造し、かつ被造物は神の一部ではない、ということはわかりました。それでは、神のご実体と被造物の実体はどのよう異なっているのでしょうか。

師　神と被造物は、大きく異なっています。その違いは雲泥、天と地ほど隔たっている、といってもなおいい足りないほど。なぜならば、神とされるお方はスピリチュアル（霊的）な存在で、誕生も死もなく、すべてが可能で、無限の叡智の源にして、諸善・万徳・円満の根源だからです。

かたや被造物はといえば、肉体だけではなく精神ももつといいながら、すべて限りがあり、生まれて、死ぬ存在です。力も、知恵も少ない。よって創造主と被造物の間には測り知れないほどの隔たりがあります。

弟子　はい。神と被造物の違いはわかりました。

それでは被造物同士は互いに一体の存在なのか、それぞれ別なのか、ということを教えてください。

師　被造物はすべて別々の存在です。なぜなら、神がそれらを創られる時、それぞれに応じた個別の性質を与えられたからです。その証拠には、被造物に個別に現れる精力や徳があげられます。

このことをよく理解するために知っておくべきことがあります。

まず、肉体や物質をもつすべての被造物は、二つの根本が和合した存在です。根本の一つはマテリヤ[3]と呼ぶ材料。二つ目は、ホルマ[4]と呼ぶ相です。この材料は、地・水・火・風の四大が和合して表れる色や形のこと。また、ホルマはすべてのものに、正体と力と徳を与えます。

目に見える被造物は四大が和合してできた共通の形をもちますが、正体・力・徳を与えるホルマは、個別ですのでみな別体となるのです。つまり、四大が和合してできた物という意味では畜類と同一ですが、人間の正体と畜類の正体はそれぞれ違っているため別体となります。

こうしたことの詳細を知りたければ、別書を用意しましたので、よくご覧になることです。

弟子　第二「神のひとり子である、我らの主イエス・キリストをまことに信じる」という意味をお教えください。

師　神的存在としての主イエス・キリストは、父なる神と同じ正体、知恵、力をもち、一つとして異なるところのない、まことのおんひとり子であられる、という意味です。

弟子　神はどのようにして、み子を宿らせたのですか。

師　神がみ子を宿らせた、と聞いても、人間のしわざのようにいやしい方法を想像してはなりません。神は霊的なお身体のため、肉体を離れた清浄なる存在だからです。

神がみ子をお創りになったのは、広大無辺の悟性、測りなき智力によったもの。これは人間の浅知恵のおよぶところではありません。

弟子　このあたりのことを、たとえ話で少々お聞かせいただけませんか。

師　およばずながら一つのたとえをお話ししましょう。

人が鏡に向き合えば、自分の影がそれに映るのと同じことです。父なる神は、自身のご尊体を諸善・万徳ともに知り尽くしておられるため、自身の悟性の中に、第二番目の位格たる神のみ子を映し出すことができるのです。

つまり父なる神と神のみ子の位格は異なるのですが、ご尊体としては一体の神でいらっしゃいます。

弟子　第三箇条「み子が聖霊の不思議な力によって宿り、処女マリアより生まれた」、この意味を教えてください。

師　父なる神のまことのみ子であられる、第二番目の位格が、処女聖マリアのご胎内で私たちと変わらぬ、まことの肉体と霊魂を合わせ受け、まことの人となられました。

しかし神的な存在としては、常に神と同じなのです。処女聖マリアよりお生まれになったため、イエス・キリストと申し上げます。

また、このご誕生は人のしわざによるものではありません。ただ、父なる神と神のみ子、そして聖霊の不思議によるものなのですが、神の愛によるおしわざを聖霊による不思議、とよんでいるのです。なぜなら、父なる神には万能のお力、神のみ子には測りなきお知恵を当てはめるように、神の愛には聖霊を当てはめるからです。

よって、聖霊の不思議によりなされたことですので、「聖霊によって身ごもった」といわれています。同様に、母である処女の聖マリアも、人のしわざによって懐妊したものではないため、み子を産んだ後も変わらず処女のままでいらっしゃるのです。

弟子　第四箇条「ポンテ・ピラトの治下で責め苦に耐え、十字架に掛けられ、死んで葬られた」という意味をお教えください。

師　主イエス・キリストは、神的存在として責め苦を受け、それに耐えるということはありえません。しかし人間としては、ポンテ・ピラト総督のもとで自ら望まれ、人類のすべての罪を贖《あがな》うために、十字架に掛けられ亡くなった、というのです。

弟子　人の存在としては、なぜ亡くなられたのでしょう。

師　神的存在としては、霊魂や肉体が離れ、失われることはありません。しかし人としては、肉体から霊魂が離れ死んで棺に葬られました。

弟子　神のみ子は人になり、人間の罪科を負って、十字架で亡くなられたのはなぜですか。罪を逃れる他の道はなかった、ということですか。

師　それは様々ありました。しかし、この十字架の道は多くの道理によって最適なもの、と選択されたのです。

弟子　その道理をいくつかお教えいただけますか。

師　まず第一には、私たちへの神の愛がとてつもなく深いことを知らせ、もって私たちが神を深く愛するようにさせるためです。

二番目は、人間の罪が深く、重いことを悟らせんがため。そのわけは、神が人間となり、自ら死なねば赦されぬほどの罪だったからです。

三番目は、神のご恩の深さをわきまえ、お礼申し上げるため。なぜならば、み子がこれほどの苦しみに耐えることなく、容易に赦されたなら、人間はそれほどのご恩を感じることができなかったからです。

四番目。神の正義がゆるぎないことと、また贖罪がとてつもなく重いことを知らせんがため。つまり、主イエス・キリストはまことの神の子であられるため、毛先ほどの罪もなくして、ただ私たちの罪をご自身の上に引き受けられ、種々様々の呵責《かしゃく》の刑をことごとくわが身に受け、耐えられたことを指します。

五番目。悪魔は知恵の実を食べさせることにより、私たちの祖先を巧《うま》くあざむきました。それどころか、このアダム一人の罪により全人類をその支配下に置いたのです。

これと同様に、たった一人が十字架に掛けられることで、悪魔は支配力を失い、しかも神のみ子が人間の身体を併せ持つことにより、全人類を悪魔の手から取り戻して自由自在の身となされたのです。よって、主イエス・キリストが選ばれた道こそ、もっとも道理に適うものでした。

以上のような道理により、神のみ子は私たちのために人間となって、死ぬご意志をもたれたのです。

弟子　「大地の底へ降り、三日後に復活した」の意味は。

師　主イエス・キリストが十字架の上で亡くなられると、その霊魂は大地の底へお降りになりました。主がご昇天される時まで、昔の善人たちは昇天できないため、大地の底でその方のご出現を待っていたのです。それらの人々を天に召すために、そこまで降りていき、善人たちの霊魂を地の底より救い出されました。

弟子　主イエス・キリストの霊魂が下り降りた、大地の底とはどのような場所ですか。

師　大地の底は、四段階に分かれています。

もっとも深い第一の底は「地獄」といい、悪魔をはじめ大罪を犯して死んだ罪人たちのいるところです。

その上、二番目の底は「煉獄《れんごく》」とよび、恩寵より見放されることなく死んだ人の霊魂が、現世で果たせなかった罪の償いをし、ここより天国へ至るべく、しばし閉じ込められる場所です。

その上、三番目の底が「幼児のリンボ」。洗礼を受けず、いまだ大罪に陥る分別もない内に、死んだ幼児がいくところです。

その上、四番目が「アブラハムの天」で、ここに昔の善人たちが主の出現を待っていたため、主イエス・キリストが下られ、これら聖人たちの霊魂を召しあげられました。

弟子　「三日後に復活した」とあるのは。

師　主イエス・キリストが亡くなられた金曜日、その貴い霊魂は肉体を離れました。

そして次の日曜日、霊魂が棺の中のご遺骸に入ることにより、たとえようのない栄光の中に蘇られて、多くの弟子たちの前に姿を現したのです。これがこの箇条で述べられたことです。

弟子　第六箇条「昇天し、全能の神、父の右に座った」という意味をお教えください。

師　主イエス・キリストは蘇った後、昇天されました。これは人であった存在として、神より与えられた喜びが、すべての聖人を合わせたものより大きく、またあらゆる徳を与えられたという意味です。

弟子　「右に座った」とありますが、神にも右左というものがあるのですか。

師　主なる神は肉体がありませんので、本来、右左というものもありません。しかし神が、人であった主イエス・キリストに与えた位が、すべての天使、あらゆる聖人に比べ、はるかに高かったので、人が「左より右が高位」とすることにちなみ、そのようにいったのです。

弟子　第七箇条「生者・死者の別なく、人々を正しく導くために天から降る」を解説してください。

師　主イエス・キリストが、世界の終わり、最後の審判の日に、全人類の行いを糾明し、それぞれに応じた永遠の救いを与えられます。そのために、神的存在としてはいうまでもなく、人としてもならびなき栄光に包まれて、天下られるということです。

弟子　第八箇条、「聖霊をまことに信じる」とは。

師　この箇条は、聖なる三位一体の三番目の位格である聖霊について述べたものです。聖霊は、父なる神と神のみ子が互いに持ち合う愛なのです。聖霊の位格は、父と子のそれとは個別のものですが、ご尊体は父なる神、神のみ子と一体の神となります。

弟子　第九箇条、「聖なるカトリック教会、聖徒たちが親しく交わる」の意味をお教えください。

師　ここでは二つのことを示しています。一つ目は、聖なるカトリック教会のこと。もう一つは、聖徒たちの親しき交わりです。

弟子　聖なるカトリック教会とは、どのようなものですか。

師　まず教会とは、イエス・キリストを信じ、互いに教えを伝え合い、実践する多くのキリシタンの集まりを名付けたものです。

キリスト教の信者は世界の諸国に分かれていても、その教義と信仰は一つですので、共通普遍の教会が人間の身体にたとえられています。その手足が一人一人のキリシタンたちであり、頭はローマ教皇になります。

また、この教会を普遍（カトリック）と呼ぶのは、世界中のキリシタンを統一しているという意味からです。

この教会は主イエス・キリストがおっしゃられるように、聖霊が治めていますので、聖なる教会とも呼ばれています。聖霊が迷うことのないように、教会が迷うことはありません。

弟子　聖徒たちの親しき交わり、とはどのような意味ですか。

師　理解を助けるため、一つのたとえによりお話ししましょう。

人体の手足がお互いに力を得て、身体の中の血液を全身に配るように、全キリシタンの組織は一身の体と同じこと。教会の手足となって、互いの信仰・秘跡・善事善行などの功徳を通わせ、交わり合うという意味です。

また、天にまします聖人たちも、煉獄の人々もこの教会の手足ですので、つながっていると考えます。なぜならば、主イエス・キリストと聖人たちが、その取りなしのための祈りと功力を私たちに与えてくださり、また私たちの祈りや死者への弔いをも煉獄の霊魂のために主なる神へと届けてくださるからです。

弟子　第十箇条、「罪は赦される」とあるのは。

師　洗礼と悔悛の秘跡により、恩寵を与え罪が赦されるため、罪科の赦しはまことに聖教会のみが行える、という意味なのです。

それゆえ罪科に落ちた時も希望を失ってはなりません。いついかなる時も告解を行い、心から後悔するならば間違いなく赦されます。

弟子　第十一箇条、「身体は復活する」の意味を教えてください。

師　世界の終わり、最後の審判の日。すべての人間は、地獄に落ちた霊魂も、天国にいる聖人たちも、残らずもとの身体で蘇ります。

　自分がなした善によって霊魂に与えられた天国の楽しみを現世で享受し、その善行のもととなった肉体も同時によみがえるのです。また、地獄へ落ちた魂の苦しみも、罪を作った肉体とともに復活する、という意味なのです。

弟子　朽ち果てて、灰や埃となった身体が、どうして復活できるのでしょうか。

師　万能であられる、主なる神に不可能なことはありません。なぜならば、ただの一物すらなくして天地万物を創造されたほどですから、ましてや元々形のあった人間の身体、たとえ埃になってしまったとしても、どうして復活させられないことなどありましょうか。

　この証拠を私たちは日々目にしています。地に落ちた五穀の種は、たとえ腐っても、やがて元の実を結ぶのです。

弟子　第十二箇条、「永遠の命をまことに信じる」とは。

師　最後の審判の日、蘇ったすべての人間はその後再び死ぬことはない、という意味です。

ただし、善人と悪人とでは、行いによってこの後の運命がはなはだしく異なってきます。なぜなら、主イエス・キリストを知らない者と悪しきキリシタンは、無間地獄の苦しみを受けて生きながらえ、恩寵を受けて終わったキリシタンは天国にて至福の永遠の命を与えられるからです。

これらの箇条は、主なる神のお告げゆえ信じなければなりません。自分の目で見たものよりも、この信仰箇条はなお一層確かなものだからです。

弟子　神のお告げとは、どなたが伝えられたのでしょうか。

師　まことの神にてましますす主イエス・キリストをはじめ、聖霊に導かれる聖教会がこのように教えています。聖教会は聖霊が治めていますので、ゆめゆめ疑ってはなりません。

1　ポンテ・ピラト　Pontio Pilato. 26～36年。ユダヤを支配したローマ総督。保身のため、キリストの十字架刑に同意した。(『現代カトリック事典』エンデルレ書店　昭和57年12月)

2　イデア　本来は「相」。現在では、理念、観念と訳されている。

3　マテリヤ　Materia. 質料。哲学神学上の重要な概念。物体の本質的構成要素を指す。

4　ホルマ　Forma. 形相。質料は形相により初めて限定と具体的存在を得る、とされる。

第七　神の掟、十戒

弟子　今、完全に教義をわきまえ、神にお願いし、信じるために大切なことを学びました。次に、善き行いのための道をお教えください。

師　まず善事を守るためには、「掟の戒律」と「教会の戒律」を知り、悪を退けるためには「大罪」を知らなければなりません。

弟子　神の掟の戒律とはどのようなものですか。

師　あらゆる人が守るべく、主なる神より授けられた掟の箇条です。戒律とは、神の掟を指します。

弟子　掟の戒律は何箇条ありますか。

師　十箇条です。これは二つに分けられます。最初の三箇条は、主なる神へ仕える道を教え、残りの七箇条は人が守るべき道を教えています。

○掟の戒律

第一　唯一の神を敬い尊ぶべし

第二　神の聖なるみ名において、いたずらに誓うべからず

第三　安息日を必ず守るべし

第四　父母に孝行すべし

第五　人を殺すべからず

第六　邪淫《じゃいん》を犯すべからず
第七　盗むべからず
第八　人を讒言《ざんげん》すべからず
第九　他人の妻に恋すべからず
第十　他人の物をみだりに欲すべからず

これら十箇条はすべて、二箇条に極められます。
一つ　唯一の神をすべてにまさって愛すること
一つ　わが身と同様に隣人を愛すること

弟子　第一の戒律（唯一の神を敬い尊ぶべし）をどのようにつとめるべきですか。
師　まことの神のみを礼拝し、なにものにも超えてお仕えし、私たちに与えられる力と報いを信じて待つこと。神は私たちの幸せの源ですので、こうしたことをお願いしなさい。
また被造物を神のように祈らないことで、この戒律は守られます。
弟子　処女聖マリアやその他の聖人たちは、どのように拝めばよろしいですか。
師　神の如くには礼拝しません。ただ神の恩寵により、現世で善行を積み、奇跡的な行いをなされた方々なので、神の思し召しにかなうのです。よって、私たちを神へ取りなしてくださる存在として拝みなさい。

弟子　第二の戒律（神の聖なるみ名において、いたずらに誓うべからず）は、どのように守るべきでしょうか。

師　正しさと善のため、その他必要な時以外に誓わないことが、この戒律を守ることとなります。

弟子　正しく誓う、とはどのような場合ですか。

師　偽りと知りつつ誓うこと。あるいは、嘘か誠かわからないことを誓うならば、神を虚偽の証人に立てることになり、大罪となるのです。

弟子　善を誓うとはどういうことですか。

師　たとえ嘘いつわりのない誓いであっても、それが善きことでなければ、その内容により大罪、または小罪を犯すこととなるのです。たとえば大罪に触れる誓いであれば大罪に、小罪に触れる誓いであれば小罪に、それぞれあたります。

弟子　必要な時に誓う、とは。

師　たとえ本当に善きことを誓うとしても、ふさわしくない時に誓うことは、場合によって大罪にまではあたらぬとしても、小罪を免れえません。

弟子　神以外、他のものに誓いをかけることはありますか。

師　もちろんあります。たとえば十字架、聖人たち、あるいは聖なる事物、わが命。その他様々なものに誓いをかけることもあります。

弟子　偽りの誓いを避ける手立てはありますか。

師　むやみに誓いを立てぬよう、慎みなさい。

弟子　それでは自ら誠実であることを表明するため、どのようにいえばよろしいですか。

師　たとえば「まことに」、「疑いなく」、「必定である」などという言葉をもって貫きなさい。

弟子　第三の戒律（安息日を必ず守るべし）は、どのように守りますか。

師　二つの注意点があります。

一つ目は、教会が定めた主日（日曜日）、すなわち祝日にはあらゆる仕事を休むこと。ただしやむを得ぬ事情により仕事をしなければならない時は、罪にあたらぬこともあります。

二つ目、この日は一度のミサに終日参加し、礼拝すること。しかしこれも、病気、または正当な理由があれば、礼拝しなくとも罪にはあたりません。

詳細は後の章、「教会の五つの掟」で説明しますので、そちらをよくご覧なさい。

弟子　第四の戒律（父母に孝行すべし）は、どのように守ればよいでしょうか。

師　親によく従い、孝行し、敬って、必要な時に助けなさい。

また従者は自分の主人や上司たる人に、謹直に仕えることでこの戒律を守ります。

弟子　父母、主人、上司などより、罪科にふれることを命じられても、これに従うべきですか。

師　親、主人、上司によく従え、といっても、それは罪にあたらぬことを命じられた場合です。神の掟に背け、と命じられた時のことではありません。

弟子　第五の戒律（人を殺すべからず）は、どのように守りますか。

師　人と敵対せず、害を与えず、傷をつけず。他人に対して、こうした悪事を望まず、喜ばないことでこの戒律は守られます。なぜなら、人はみな神の似姿に造られているからです。

弟子　人と敵対し、懲罰を与えず、害してはならない、と戒められますが、国家を治める道はどのようにあるべきでしょうか。

師　この掟の箇条に照らして正当な理由があったとしても、戦争は許されません。しかしまた、国法の下、犯罪者に懲罰を与え、処刑してはならぬ、との戒めでもありません。

かえって罪人を罰したり、処刑することがなければ、その罪は国法を犯すことでしょう。

しかしこの教えは国の法治をいったものではなく、むやみに人を殺したり、敵対してはならない、としたものなのです。

弟子　主君が家来を成敗してはならないのでしょうか。

師　自分の統治下にある者たちに、犯した罪の軽重に従って妥当な処罰を下すことは、許されます。しかし処刑となれば、もっとも重い罪を犯した者に対し、主君が正当な裁きを下し、かつ生殺与奪《せいさつよだつ》の権をもつ場合にのみ可能となります。

弟子　もっとも重い罪と、人の命を奪うほどの強い権限とはどのようなものですか。

師　重い罪とは、すべての処罰の中で人の命を取ることが最大のものですので、さしたる過ちなくして人を殺すことがもっとも非道にあたります。

また、人の命を奪うほどの強い権限とは、どんな人であっても人を殺すことは道理を外れ、国家のためにもならないことなので、ただ天下国家より確かな権限を与えられた人にのみ許されるものなのです。

弟子　他人に対し悪事を望まない、とはどういうことですか。

師　他人に対し意趣を含み、復讐を企て、あるいは仲違いし、口を利かないなどということは、この掟に背くという意味です。

弟子　第六の戒律（邪淫を犯すべからず）は、どのように守ればいいでしょうか。

師　言葉であれ行為であれ、男女ともに淫乱の罪科を犯してはなりません。また、自淫も同罪となります。

弟子　とりわけ、なぜ「言葉と行為で」というのでしょうか。心中にこれを思っただけでは、同じ罪にはあたらないのでしょうか。

師　心の中で望むことも罪ですが、それは第九の戒律を破る、別の罪科となります。

弟子　この戒律を守るために、何か役立つことはありますか。

師　主なる神は夫婦の契りを第一とされました。その他多くの注意すべき点としては、暴飲暴食をしないこと、悪い友との交友を断つこと、恋の和歌や物語を読まず、恋の歌を歌わず。できれば聞くこともないようにすればよろしいでしょう。

さらに大切なことは、この戒律を守るために主なる神のお力添えを頼み、あるいは罪に落ちるきっかけとなるものから遠ざかるようにしなさい。

弟子　第七の戒律（盗むべからず）をどのように守りますか。

師　他人の財宝を、どのようなものであれ、持ち主の同意なくして取ることも、借りることも許されません。人にもこうしたことをそそのかさず、協力したり仲介することも避けなさい。

弟子　人の物を盗みたい、と心の中で思っただけでは、この掟を破る罪にはなりませんか。

師　罪となりますが、これは第十箇条の戒律に背く、別の罪です。

弟子　第八の戒律（人を讒言すべからず）は、どう守ればよろしいですか。

師　人の讒言をせず、そしらず、隠された罪をあばいてはなりません。

しかしながら、その人の罪を改めさせようとして、その人の上司に伝えることは許されます。他人を邪推したり、嘘をつくことは許されないのですが。

弟子　第九の戒律（他人の妻に恋すべからず）は、どのようにわきまえるべきですか。

師　他人の妻に恋をせず、その他の異性にも恋心を抱いてはなりません。淫乱な妄念に捕らわれず、そうしたことに喜んだり、執着したりすることを避けなさい。

弟子　淫乱な気持ちが起こるたびに罪科となるのでしょうか。

師　そういうわけではありません。ただ、そうした気持ちが起きたことを喜ばず、それを捨てた時、かえって功徳となるのです。しかしまた、その気持ちに動かされなくとも、それを心に留めて楽しんだ時には罪となります。

弟子　第十の戒律（他人の物をみだりに欲すべからず）をどのように心得るべきでしょうか。

師　他人の財宝をみだりに望んではならない、ということです。

弟子　さてそれでは、これらの十戒が二つのことに極まるということを教えてくださいますか。

師　あらゆるものの中で、神をもっとも愛すべきこと。わが身と同様に隣人を愛すること。この二つです。

弟子　あらゆるものを超えて、神をどのように愛すればよろしいですか。

師　財宝、名誉、父母、わが身。こうしたものに対して、神の掟を守り、ただ一筋に神を愛する気持ちに極まります。

弟子　神の掟を守るために、役立つことはありますか。

師　様々あります。

とりわけ、朝起床したら神のご恩を思い出し、おん礼申し上げるのです。また今日一日、掟に背くことなく、思し召しにかない、身を修められるように、お守りくださることを願って祈りをあげなさい。

弟子　眠りにつく時も怠りなくつとめるためには、何をすればよろしいでしょうか。

師　まず眠りにつく前に、その日の心と言葉と行いを子細に振り返って後悔し、犯した罪の赦しを乞います。同時に、恩寵によって行いを改めようと心に誓い、ふさわしい祈りを捧げなさい。

弟子　隣人をわが身のごとく愛するためには、どうしたらよろしいでしょうか。

師　神の掟に従い、自分自身に願う幸福を、他人に対しても訪れますように、と願うのです。

弟子　神の掟に従い、とは。

師　それにはわけがあります。もしも神の掟に背いて、他人のために願いごとをするならば、それがどんなことであれ、たとえまた、自分のための願いではないとしても、わが身のごとく人を愛することにはなりません。ただわが身を憎むごとく、人を憎むに過ぎないのです。

第八　聖教会の掟

弟子　以上、神の掟の戒律はお聞きしました。それでは聖教会の掟とは、どのようなものですか。

師　教会の掟は数多くあります。その中でも、すべての教会が共有する掟があります。これがすなわち公会議、そしてまた現世で主イエス・キリストの名代であられるローマ教皇が定められた掟です。これはすべてのキリシタンが守らなければなりません。また、各地域で定められた掟もあります。これはその地の司教により定められたもの。その地に住むキリシタンは、この掟も守らねばなりません。

全教会が共有する掟の中から、とりわけ重要な五箇条をあげてみましょう。

第一　聖なる主日、日曜日にはあらゆる仕事を休むべし

第二　聖なる主日、日曜日にミサ[一]をあげるべし

第三　聖教会より定められた日に大斎[二]を執り行うべし

加えて聖金曜日と聖土曜日は肉食をしてはならない

第四　一年に一度、告解すべし

第五　復活祭[三]の前後に聖体の秘跡を授かるべし

弟子　第一の掟（聖なる主日、日曜日にはあらゆる仕事を休むべし）をどのように理解すべ

きですか。

師　掟の戒律第三箇条にあるように、日曜日、すなわち教会が指定した主日にはすべての仕事を止める、ということです。

弟子　たとえば病人の介護、葬送、調理、配膳・給仕、その他肉体労働にあたる仕事は毎日欠くべからざるもの。これらもしてはいけないのでしょうか。もしもそうであれば、この掟は守れません。

師　そういうわけではありません。なぜなら聖教会はキリシタンを深く憐み、万事において融通をきかせてくれるからです。この掟についても、それが慈悲の行いであるのなら、たとえ肉体労働にあたっても、病人の見舞い・看護、死者の葬送・葬儀などを禁止するものではありません。

また、身体を養い、育てるために不可欠な仕事、たとえば食事の用意、配膳・給仕、馬や徒歩での外出、携えねばならぬ荷物の運搬、家財の修理など。

さらには、戦に参加し合戦すること、堀を掘ったり、築地を築いたり、城を造り、工事に必要な物を運搬することなどは、過重な肉体労働にあたりますが、戦においてもっとも重要ですので、これらもすなわち禁じてはおりません。

それればかりではなく、主日の狩り、執筆、教授、描画、琴・琵琶の演奏、その他のことで利益を得ず、ただ趣味として行うならば、これらも戒められるものではありません。

　掟が戒めるのは、下々の労働だけ。しかし、自分のために利益となる仕事は、戒めの対象に含まれます。

弟子　一家を養い、子どもを育てるために、主日も苦労して労働しなければならないほどの貧民。あるいは仕事に取りかかり、主日に放置したならばたちまち損壊してしまう作業を続けた場合なども掟に背きますか。

師　貧窮の者が家族を食べさせ養うため、あるいは年貢を納めるために、主人の苦役を勤めざるを得ない時、主日に労働したとしても、この掟に背くこととはなりません。

　しかし、復活祭や降誕祭などの大きな祝祭日には、こうした肉体労働を止めて、これらの祭日を当然守らねばなりません。

　また仕事をし始めた場合。それを休止することで損失となるなら、続けた時も掟を破ることにはなりません。たとえば、茶碗・皿・土器《かわらけ》、牡蠣殻灰《かきがらばい》、塩などを焼く仕事です。同様に、時期を失すると得物を逃してしまう、猟や漁の類は、主日に行っても問題はありません。一日違えば、利を失い損失となってしまうためです。

　また、米・麦を作り、刈り取ることも、もしも翌日風雨となって一日で失ってしまうことがわかった時は主日であっても右同然と心得てよいでしょう。
しかしながら可能であれば、これらの祝祭日にはミサに礼拝する心がけがとても大切です。

弟子　主人より主日に苦役を申しつけられたり、肉体労働をさせられようとした時、家来としてはその命令に従い、掟に背いてもよいのでしょうか。

師　主人に、キリスト教の教義をいやしむ気持ちがなく、特別な理由によりこうした仕事を命ぜられた場合、主人の機嫌を損ねて都合が悪いと思うのなら、どのような下々の用事を勤めても罪にはなりません。

なぜなら、聖教会の考えでも、キリシタンの身に危険が迫ろうとも、必ず主日を守らなければならない、としていないからです。また主人の方にも、時にはこうした主日に右の仕事などを命じたとしても仕方のない事情もありましょう。下人として命令されること自体が明白な罪とされるわけではないので、それにあえて白黒をつける必要もありません。

罪が問われるとするならば、主人がキリシタンであった場合です。つまり、やむをえぬ重大な理由なくして、キリシタンの主人が主日に肉体労働を下人へ申しつけた時、主人の罪になったとしても、従わなければならない下人に罪はありません。これは、父子や夫婦の関係でも同然と心得てください。

このようなものですので、主日の掟は決して守れないものではありえません。ただ聖教会は本来的には、これら主日・祭日に、自身に危害、損失のない限り、仕事を止めて教会へ行き、決められた日に神を礼拝し、世事の合間をみて、来世を祈るように教えているのです。

弟子　第二の掟（聖なる主日、日曜日にミサをあげるべし）を教えてください。

師　病人、もしくはミサを礼拝できないほどの火急の用がない者は、聖教会が聖なる主日とした日曜日には、終日信心をもってミサを礼拝することが大切です。

弟子　教会の主日とは、どの日ですか。

師　一年中の主日（日曜日）と、司教の指示に従って司祭がキリシタンたちに広めた祝日です。あなたたちが属する教区で、祝日を広めることが司教の役目となっています。

弟子　ミサを礼拝できないほどの火急の用がなければ、主日にミサを拝まなければならない。これはどのように理解すればよろしいですか。

師　主日にミサで礼拝しなくても聖教会の掟に背くこととはならない理由は、多々あります。さきほども触れたように、聖教会はあえて人が守れないような掟を授けません。

そのためどうしても避けられない大事な用がある時に、ミサで礼拝しなくとも問題はない、との思し召しです。

弟子　その避けられない大事な用とは、どのようなものでしょうか。

師　そもそも聖教会の意図としては、ミサで礼拝することによって大きな困難となり損害を生じる場合、あるいは重大な支障があっても、たってミサへの参列を強要するものではありません。

そのため病人、入牢者、またはやむをえぬ事情で家を離れられない者、さらに船に乗り、陸路を行く者が、ミサに参列することにより、船便や道連れを失う恐れがある場合。以上のような避けがたい理由がある時は、ミサにあずからなくとも問題はありません。

また、ミサを執り行う司祭の人数が少ない地域に住む者、家から教会までが遠く、ミサ礼拝のため教会へ通えば、家族と自身の負担があまりに重い時など、ミサに参列しなくても掟に背くこととはなりません。

同様に、善悪・是非をわきまえる年齢に達していない子どもについて、教会でミサを拝むことは教育にもっともよいのですが、どうしても礼拝しなくてはならないというわけではありません。

夫のいる女性・子・召使などが、自分の夫・親・主人から外出を禁じられた場合、またはミサへの礼拝がかなわない、断れない用事をいいつけられている時などは、ミサに行かなくても許されます。なぜならば、重大で仕方のない理由なくして、主人・親・夫が右のように命じ、ミサに行かせなければ、それを命じた者の科とはなっても、従った者に責任はないからです。

重病人を看護する者がミサに行こうとする時、病人が一人残されて危篤に陥る恐れがあるため、必ずミサで礼拝しなければならない、ともしておりません。

産み月の近い妊婦、あるいは赤子をもつ母親が、子を一人家に残したり、教会へ連れてきても心配な時などは、ミサに行かなくても許されます。

仇をもつ者、その他の理由で家を空けると危険が予測される者にも、ミサへの参列が強要されるわけではありません。

自身の親・兄弟・妻・子が亡くなった時、喪中で家を空けるわけにはいかない風習がある地域では、その期間中ミサに礼拝しなくても許されます。

男女問わず、家格にふさわしい衣服をもたず、普段の衣服で外出することを深く恥じる場合も、ミサに礼拝しなくてもよいのです。

結局、ミサに参列することで、自分と家族に重大な損失や困難が伴う理由がある時には、この掟をぜひとも守らなければならない、とするものではありません。

弟子　ミサとはどのようなものですか。
師　父なる神へ、主イエス・キリストの肉体と血を、生ける人と死せる人のために、犠牲として捧げる儀式です。これはつまり、主イエス・キリストの生涯と受難を私たちの脳裏に焼きつけ、忘れぬために定められました。
キリシタンがミサで礼拝する時は、主の受難を観念するとともに、慎んで拝まなければなりません。儀式の次第については後ほど聖体の秘跡の項目で説明いたしましょう。
弟子　信心をもち、ミサで拝むために何か役立つ方法はありますか。
師　多くありますが、とりわけミサが始まったなら、ものをいわず、気を紛らわせるようなことを止めなさい。
弟子　司祭が人々に聖体の秘跡を授ける時に、唱える祈りはありますか。
師　もちろんあります。
「主イエス・キリスト、十字架上で世界の人々を救われんことを敬って謹みて拝し奉る。我らの罪科を赦したまえ。お願い申し上げる」
という祈りです。
弟子　聖杯を拝む時はどのような祈りをあげますか。
師　「主イエス・キリスト、一切の人を救わんために十字架の上にて流し給えるおん血を、謹みて拝し奉る」という祈りです。

弟子　ミサの尊い犠牲は、どのような心で捧げますか。

師　三つの心がけがあります。一つには、恩寵へのお礼として捧げること。二つ、私たちの罪を償うために捧げる。三つ目は、さらにいっそう恩寵を授かるために捧げることです。

弟子　ミサの犠牲は、誰のためになるのでしょうか。

師　世界中の今生きている人のためになるばかりではありません。煉獄にいる霊魂にとっても大いに助けとなるのです。そのため生ける人、死せる人にとって、ミサを行い拝むことは大いなる功徳となります。

弟子　第三の掟（聖教会より定められた日に大斎を執り行うべし。加えて聖金曜日と聖土曜日は肉食をしてはならない）を教えてください。

師　二十一歳になったキリシタンはすべて、正当な理由による差し障りのない限り、四旬節の大斎、四季の大斎、その他聖教会が定めた日に大斎を必ず守るべし、との教えです。

弟子　大斎の決まりを教えてください。また、この掟はどのように守りますか。

師　大際にはまず、二つの決まりがあります。これを守れば掟にかなうのです。決まりはまず、大際の日に教会が禁じた食物を断つこと。これらは総じて肉類です。四旬節には鳥の卵、動物の血で作られた食物も禁じます。ただし、四旬節以外の大斎ではこれらを禁じていません。

もう一つの決まりは、大斎の時一日一食とすること。加えてその地域で定められた時間に食事をしなければなりません。その理由は、一般的に大斎の日の食事時間は、昼の約一時間前ですが、国によっては土地の食物が粗食のため、住民たちの体力がない場合、長く待てないからです。

これにより、標準的に定められた時間よりも、一時間か二時間早めに食事をとることが許されています。

弟子　大斎の日、そのような食物の他、酒、白湯、茶を飲むことも禁じられていますか。

師　いいえ、禁じてはおりません。大斎の日であっても、他の日でも、水、湯、茶、酒を飲むことは可能です。盃を交わすことも同様。とはいいながら、当日はそうした飲料、とりわけ酒を過ごさぬたしなみは大切です。

また大斎の日の夕暮れ、つつましいキリシタンの習慣にならって、少量の食事をとることはよろしい。健康のため、身体の薬となる少量のものなら、飲食したとしても大斎を破ることとはなりません。

弟子　さきほどの「二十一歳になったキリシタンはすべて、正当な理由による差し障りのない限り、大斎を必ず守るべし」の意味をくわしく教えてください。

師　繰り返しになりますが、教会はキリシタンに対し慈悲が深いため、人が守れないようなことを授けません。大斎を行ったとしても、その身にとって難義にも害にもならない者だけが従うべき、との教えです。

人は二十一歳で成人します。それまでは体にとって食物が大切ですので、大斎をさせません。しかしながら、幼少時より時々大斎をし慣れるのは望ましいこと。そのように育てば、成人後、大斎の掟に苦労することもなく、大斎の徳を実行できるからです。

また、六十歳を超えた老人は次第に体力が衰えますので、大斎を守らなくとも問題はありません。ただし、その年代の人であっても、体力があり健康で、大斎が身体に影響を与えない場合は、この掟を守るべきです。

病人、または病後いまだ回復していない者、あるいは生まれつき病弱で大斎によりいちじるしく健康を損ねる恐れのある者は、たとえ病気ではなくとも大斎をしなくても問題はありません。

妊婦、あるいは乳飲み子をもつ母親などは、食物をよくとることが大切ですので、これらの女性も大斎を守らなければならない、としていません。

大斎の日の時期に、身体を養うほどの食物を入手できない貧しい者も大斎にあずかる必要はありません。

過重な肉体労働に従事する者も、時期によってはなしがたいため、大斎を守らなくとも可能です。

同じく、田畑を耕作する者、自ら厳しい労働や仕事を担う者、徒歩で長距離を移動する者、主命により木を伐採し、運び、工事や建築などの労働をする者、妻子・親類を養育するため働かなくてはならない者、自らの主人、あるいは発注主に対して勤めなければならない義務をもつ者。このように大斎にあずかることで、それらの仕事を果たすことができない場合は、いずれも大斎を守る必要はありません。

このような立場の人々が、大斎のためにその仕事、労働を止めなければならないという意図はないのです。しかしなんらかの理由で大斎の中止を考えたなら、自らの聴罪司祭、または地域の神父に意見を求めることが大切です。

弟子　たしかに、この大斎の掟はそれほど難しいものではなかったことがわかりました。大斎をしなくても許される場合、肉食他、禁じられた食物をとってもよろしいのでしょうか。

師　いいえ、そうではありません。大斎を実行しない時であっても、禁じられた食物をとってはなりません。しかし、病気やその他の理由があれば許されます。
さきほどもいったように、大斎というものは二つの決まりがあります。一日一食とすること、そして当日には禁じられた食物を口にしないことです。すなわち、一日一食を守れない時も、禁じられた食物を断たねばなりません。

弟子 四旬節の大斎、四季の大斎の折、大斎を終わりまで完全に勤めることができない場合も、せめて自分のできる範囲で、この時期にたびたび大斎を守らなくてはならないのでしょうか。

師 正当な理由を伴う支障があれば、大斎を守らなくても問題はありません。しかし長く続く大斎の期間中、何度か大斎をしても身体に影響がない場合は守らなければならない、という意味です。つまり四旬節の大斎にあたって、体力がなく大斎を続けることができない場合は、七日間に、二度から四度ほど大斎をするとよいでしょう。自分の体力を測りがたく、どの程度大斎を守られるかがわからない時は、神父に意見を求めそれに従うべきです。

弟子 第四の掟（一年に一度、告解すべし）は、どのように考えるべきですか。

師 善悪をわきまえる年齢に達したキリシタンはみな、教会の定めに従い、告解を聞いてくださる司祭が近くにいる時は、せめて年に一度告解をすべきです。しかし、もしも司祭が近くにいない場合、あるいは聴聞してもらえず告解できなかったとしてもこの掟に背いたことにはなりません。

弟子　なぜ、せめて年に一度、としたのですか。

師　人が度々罪を犯すため、告解も度々すべき、と聖教会は望んでいます。しかしそれが不可能な場合も考慮し、せめて年に一度、と定めたのです。

その理由は、身体が汚れた時はその度に何度も洗うように、魂も悪に度々汚されるものですから折々に告解をして清めてもらうことが大切だからです。

また、死に直面する困難に見舞われた時、聖体の秘跡を授かろうと思い立った時は、告解をしなさい。この掟はつまり、大罪を犯したことがはっきりした場合、あるいは犯したかもしれないと思った時、神の定めに従い告解せよ、としたものなのです。

弟子　告解をお聞きくださる司祭が近くにいない時とは、どのような場合ですか。

師　司祭が不在の地域、またはいたとしてもキリシタンの人数が多く、すべての者の告解を一度も聴聞できないような場合は、年に一度の告解を行わなくても掟に背いたこととはなりません。しかし可能な限り告解すべきです。

弟子　犯した罪をすべて告解するため、肝心なことは何でしょうか。

師　三つの大事なことがあります。一つ、へりくだること。二つ、本当のことを正直に話すこと。三つ、罪を残らずいうこと。以上です。

弟子　どのようにへりくだればよろしいですか。

師　告解を申し上げる時、心中に自分は悪人であり、罪の赦しを得る資格もない、とわきまえなさい。今神のご前で直接お告げしているのだ、と考え、深い敬いと怖れをもって、後悔しながら自身が罪科の告発人となり、わが罪を懺悔するのです。

弟子　本当のことを正直に話す、とは。

師　自分の犯してもいない罪はいわず、恥ずかしく思ったり、他の理由があったとしてもわが罪を隠さずさらけ出して懺悔するのです。人間の心の底まですべてお見通しの神へ、洗いざらい告白するようにしなさい。

弟子　大罪を残らず、とは。

師　わが良心に細かく問い質し、思い当たる罪を残さず懺悔しなさい。

弟子　良心にしっかり問いただす近道はありますか。

師　もちろんあります。まず自分の過去、住んでいた場所、ともに過ごした人々、なした行い、住んでいた場所ではどのようなことをしたのか、それらの人々にどんなことをいったのか。こうしたことに思いをめぐらす時間をとって、掟の戒律、教会の戒律、七つの大罪、十四の慈悲の行いに照らして、過ちがなかったかどうかを質しなさい。これはもっとも大切なことですので、ゆるがせにせず心を定めるべきです。

弟子　第五の掟（復活祭の前後に聖体の秘跡を授かるべし）はどのように考えるべきでしょうか。

師　尊い聖体に主イエス・キリストがましますことを理解し、これを尊ぶ知恵のあるキリシタンはみな、復活祭の前後に、司教の規則に従って年に一度聖体を拝領しなくてはならない、という意味です。しかしそれは、告解をお聞きくださる司祭の同意により可能となります。

一　ミサ　カトリック教会で、パンとぶどう酒を聖別して聖体の秘跡が行われる、もっとも重要な典礼儀式。

二　大斎　イエス・キリストの受難に思いを馳せるために行う食事制限。一日一食は十分に摂り、後の二食は少量に抑える。四旬節中の灰の水曜日と聖金曜日に行う。

三　復活祭　復活の主日。イエス・キリストが三日後に復活したことを記念する、キリスト教におけるもっとも重要な祭り。

第九　七つの大罪の科

弟子　神の掟の戒律と聖教会の戒律はお教えいただきました。
それでは次の大罪の科とは、いくつあるのですか。

師　科の種類は数多くありますが、すべての科の根源となるものは七つです。

第一　高慢
第二　貪欲《どんよく》
第三　邪淫《じゃいん》
第四　怒り
第五　暴食
第六　嫉妬《しっと》
第七　怠惰《たいだ》

これらすべてを、大罪の科といいます。

弟子　これらを総じて、なぜ大罪の科とよぶのでしょうか。

師　おおよそこれらを大罪の科としていますが、場合によっては赦される小罪の科にあたることも多いのです。

弟子　大罪とされた理由は何でしょうか。

師　大罪とは、命を失うという意味です。

超自然的な霊魂の命は、神の恩寵により与えられたものですので、大罪がその恩寵を霊魂から切り離してしまうため、このようにいいます。

しかし霊魂は本質的に滅びることはありませんので、大罪を犯したとしても死に絶える、と思ってはなりません。ただ、霊魂の命たる恩寵を失ってしまうので、それを指して「死ぬ」というのです。

弟子　大罪の科によって霊魂はどのような損失をこうむるのですか。

師　損失はとても多くありますが、とりわけ創造主たる神の手を離れ、恩寵と約束された栄光としての天国の至福を失うことです。

また、主のおん血をもって救われた自らの霊魂と肉体もともに、地獄に落ち、主イエス・キリストの受難による功徳と自ら大罪の科に汚されぬ前に積み上げた善行による功徳をも失ってしまいます。

弟子　大罪の科を犯せば、信仰も失ってしまうのでしょうか。

師　そうではありません。さきほども述べたように、大罪の科により神の恩寵を失ったとしても、信仰まで失うことはありません。理由はどうであれ、神を信じられなくなった時、信仰を失うからです。よって、大罪の科を犯したとしても、キリシタンを棄てることとはなりません。

弟子　大罪の科を犯すことにより神の恩寵を失ってしまった時、教会へ行き、祈りをあげ、善事善行を積んでも無駄でしょうか。

師　いいえ。そのようなことはまったくありません。そのような時こそ、ますます教会へ何度も行き、祈りをあげ、精一杯善事をなすことが大切です。なぜなら、そのような時ほど人は困難に直面するからです。そうでなくとも善事から生まれる功徳は多いもの。とくにわが身を顧み、罪を後悔し、再び犯さないために、そして主より息災をたまわり、罪滅ぼしの恵みを与えていただくためにそうしたことは大いに役立つでしょう。

弟子　大罪の科を赦していただくために、どのようにすればよいでしょうか。

師　この罪は神に背いたことによるもの。これを悔い、無念に思い、以降二度と犯さぬように決心することです。告解をすべきですが、できなかった場合も機会をみつけて告解する覚悟をもちなさい。罪科を後悔し、残念に思うこと。これが痛悔とよばれる、罪を赦される道です。

弟子　小罪の科とは何でしょうか。

師　大罪よりも軽い科です。これによりただちに神の恩寵を失うわけではありませんが、神への愛と神にお仕えする心をゆるがせにするため、大罪の科のきっかけとなるのです。

弟子　こうした科を小罪と名付けたのはなぜですか。

師　小罪とは「赦されやすい」という意味をもちます。この科は、神よりたやすく赦されるため、小罪とよぶのです。

弟子　この罪はどのようにすれば赦されますか。

師　いずれの秘跡にもあずかり、ミサを礼拝し、謝罪の祈りをあげること。後悔の念をもって司教の祝福を受け、聖水を注いでいただき、胸を打って信心をこめ「主の祈り」を唱えなさい。その他どのようなことであれ、痛悔のあらわれとなることを実行すれば赦されます。

弟子　悪の根源たる、これらの科を退ける方法はありますか。

師　いくつもあります。まず、七つの科を抑える七つの善があります。
　その他にも、霊魂の力となる三つの精根と、肉体の感覚である眼・耳・鼻・舌・身を守り、慎むことです。

弟子　七つの科を抑える善とは何ですか。

師　以下です。

第一　高慢を抑える、謙遜。へりくだること。

第二　貪欲を抑える、寛容。人に与えること。

第三　邪淫を抑える、貞潔。清らかな心をもつこと。
第四　怒りを抑える、忍耐。耐え忍ぶこと。
第五　暴食を抑える、節制。ほどよいこと。
第六　嫉妬を抑える、愛徳。博愛のこと。
第七　怠惰を抑える、精励。善の道を怠りなく進むこと。
この怠惰は、神への奉仕の妨げとなる嘆きや気落ちのことです。

弟子　霊魂の三つの力とは何ですか。

師　以下です。
一つ、記憶とよばれる過去を思い出す力。
二つ、悟性とよばれる物を知り、理解する力。
三つ、意志とよばれる憎んだり、愛したりすることを強める力。

弟子　どうしてこれらを霊魂の力とよぶのでしょうか。

師　生まれつき霊魂に備わった三つの精根だからです。これは肉体を離れた霊魂にも伴っていくもの。これらがすなわち、来世における苦楽を受ける元となります。

弟子　肉体の感覚はいくつありますか。

師　五つです。眼・耳・鼻・舌・身を指します。これらすべて肉体に伴うものですので、肉体とともに滅びるのです。

第十　聖教会の七つの秘跡

弟子　これまでお教えいただいた、神に深く帰依すること、固い信仰を得ること、身心を正しく修めること。この三箇条を守るだけで、私たちは来世に完全に救われるのでしょうか。

師　いいえ、そうではありません。それらを守り、実行するためには神の恩寵が必要です。

弟子　神より恩寵を与えていただくためには、どのようにすればよろしいですか。

師　母なる聖教会の諸々の秘跡にあずかることです。これらの秘跡を強い覚悟で受けなければなりません。

弟子　秘跡はいくつありますか。

師　七つあります。以下のものです。

一　洗礼
二　堅信
三　聖体
四　告解
五　終油
六　叙階
七　結婚

弟子　この七つの秘跡はどなたが定められたものですか。

師　主イエス・キリストが、ご自身の恩寵と受難による功徳とを私たちに与えるために定められました。

弟子　この秘跡をどのように授かればよろしいですか。

師　聖体の秘跡を授かろうとする時に、もしも大罪の科があるのならば後悔をしたうえで、告解をしなければなりません。他の秘跡は、せめて痛悔をした後に受けなさい。もちろん告解をしたのであれば万全でしょう。

弟子　七つの秘跡の内、第一番目は何ですか

師　まず第一番目に洗礼の秘跡を授かります。この秘跡によりキリシタンとなり、さらに他の秘跡を受けるための下地と門戸をつくるのです。

弟子　洗礼とは何でしょうか。

師　洗礼はキリシタンになるための秘跡です。これにより信仰と恩寵を授かり、原罪と自らがそれまで犯した罪を赦されます。しかしこれは、正しい方法で受けた場合に限ります。

弟子　どのような覚悟をもって、この秘跡にあずかるべきですか。

師　善悪をわきまえる者ならば、まずキリシタンになることを望むべきです。過去に犯した罪を悔い、悲しみ、以降主イエス・キリストの掟を守る覚悟をもって、この秘跡を受けなければなりません。

弟子　この秘跡はどのように授けられますか。

師　これを授かる人の頭、あるいは身体のどこか一部に水を注ぎ、「ペトロ」や「パウロ」などの霊名をつけて、以下のように唱えます。

「ペトロよ。父と子と聖霊のみ名によって、われ汝に洗礼を授ける。アーメン」

ラテン語の唱えは、以下です。

「ペテレ。エゴテバウチゾイン　ノミネパアチリス、エツヒイリイ、エツスピリツサンチ、アーメン」

このように、キリシタンとして何らかの霊名をつけ、その後唱えるのです。

弟子　この誦文を唱えずに水を注いだ時、または誦文の半分だけ、誦文中の一語を欠いて水を注いだ場合。誦文をことごとく唱えて水を注いだとしても、水を注ぐ前か、後に唱える間合いがずれてしまった場合はどうなるのでしょうか。

師　水を注ぐと同時に唱えなければ、洗礼を受けたことにはなりません。

この誦文を完全に唱えることが大切ですが、たとえば、「われ」という言葉や「アーメン」という言葉、また洗礼を受ける人の霊名をいわなくとも洗礼は成立します。

しかしこの三つを除いて、他の言葉が一つでも欠けた時は洗礼を授けたことにはなりません。

弟子　洗礼を授からなくても救われる他の手立てはありますか。

師　原則として、来世の救いは洗礼を受けなければなりません。それゆえ、可能な限り正しい方法で洗礼を授かるべきです。

しかし、思いもよらず授かることができずに死んでしまった人のために、主なる神は二種の洗礼を別途定められました。

一つ　望みの洗礼

二つ　血の洗礼

望みの洗礼とは、心から洗礼を受けることを希望していたにもかかわらず、ついにその機会を得られなかった人。そして自らの不注意なくして立派な最期を遂げた人は、たとえ水の洗礼を受けなかったとしても、希望が洗礼となって救われるのです。

血の洗礼とは、主イエス・キリストを信仰しながらも、洗礼を授かる機会を得られなかった人。その人が信仰ゆえに命を奪われたなら、その身から流された血によって殉教者の位に列なるために、来世は救われます。よってこれを血の洗礼というのです。

弟子　洗礼は、誰によって授けられますか。

師　人や場所にふさわしい格をもって、洗礼を授けるのが司祭の役です。

しかしこの秘跡は、来世の救いにとって不可欠ですので、主イエス・キリストは、司祭不在の地域では男女関わりなく、洗礼を授けるお許しを与えられました。よって、誰もが洗礼の秘跡を与えることができます。さらに主イエス・キリストの教えの通り、洗礼を受ける者は、さきほど述べた大切な定めを守り、臨まなければなりません。

司祭がいない地域でも、この儀式はひんぱんに執り行われるでしょう。つまりキリシタンはみな、洗礼を授ける方法をよく習得すべきです。

弟子 第二の秘跡は何ですか。

師 堅信の秘跡です。堅信とは、洗礼を受けた人に司教が授ける大事な秘跡。この秘跡により、神から新たな恩寵を与えられ、洗礼で得た信仰を強め、必要な時すべての人の前で自らの信仰を表すために力を授かるのです。それゆえ、いずれのキリシタンであっても機会があれば、必ず授からなければなりません。

弟子 第三の秘跡は何ですか。

師 聖体、または聖体拝領とよばれる秘跡です。

弟子 この秘跡をくわしく教えてください。

師 この秘跡は最上の奥儀ですので、言葉では伝えきれません。

司祭がミサを執り行う時、主イエス・キリスト直伝の言葉をカリス（聖杯）とホスチア（パン）の上に唱えれば、その時までパンであった物が瞬時にイエス・キリストの本当の肉体へと変化し、聖杯のぶどう酒はイエス・キリストの血へと変化します。

これを信じることが重要です。

すなわちこの時、パンとぶどう酒の色・香り・味の中に、主イエス・キリストのご実体が天上にある通りに、その場へと現れます。これによって直接イエス・キリストのご尊体を拝めるため、この無上の秘跡を敬わなければなりません。

弟子　パンとぶどう酒が、イエス・キリストの身体と血になぜ変化するのでしょうか。そしてその色や香りを味わってみた時、ぶどう酒の色・香り・味も前と変わらず感じられるようです。これは何とも不思議に思われます。

師　まさにそうしたことで、この秘跡はもっとも不思議な現象といえるのです。その理由を完全に解明することはできなくとも、真理の根源であられる主イエス・キリストがこのようにお教えくださる以上、毛ほども疑わず信じなければなりません。

これらのことを聖教会は教え、また主イエス・キリストはこの秘跡がまことであることを表すために、聖体について様々な奇跡を起こされます。

私たちの目に、ただのパンとぶどう酒とのみ映ることに不思議はありません。色・香り・

味・大きさも元通りですので、目に見えているのはパンとぶどう酒のみといいながら、信仰の光に照らして見る時は、パンとぶどう酒の色や香りの陰には、それらの実体はありません。ただ主イエス・キリストそのものである、お身体と血だけがそこにはあるのです。

弟子　パンの色・香り・味の中にイエス・キリストの肉体があり、ぶどう酒の色・香り・味の中に血がある、ということはどう考えればよろしいのですか。パンに宿るイエス・キリストの身体とカリスに宿る血は、別々に存在するのでしょうか。

師　いいえ、そうではありません。なぜかといえば、パンにも聖杯にも、主イエス・キリストのお身体と血が天にある時のように互いに離れず、こもっているからです。

しかし、人として十字架に掛けられ流した血は、その身体を離れたため、このたとえようもない受難の出来事を執り行うミサにおいて、主よりパンと聖杯にそれぞれの言葉を唱えるよう教えられたのです。

この言葉の力によりパンの実体は主イエス・キリストの尊体へと変化し、ぶどう酒の実体も主の血へと変化するのですが、主イエス・キリストが復活された後は、肉体と血が別々に存在しないため、パンにも聖杯にも分かれてこもることはありません。

つまり、神の存在としてイエス・キリストの血も肉体も霊魂も、ともにパンに宿るのと同様、聖杯にも分かれずに宿るのです。

弟子　この秘跡では、主イエス・キリストはご一体でありながら、同時に多数のパンや様々な場所に現れられるのはどうしてでしょうか。

師　もっともな疑問です。これを理解するために、一つのたとえ話をしましょう。

どんな物であれ、一つの物体を多数の鏡の前に置いてみれば、どの鏡にもその影が映るという例があります。物でさえこうしたことができるのですから、ましてや万能のまことの神にてまします主イエス・キリストが、ご一体であられるといいながら、様々な場所で多くのパンに同時に宿ることができないといえましょうか。

弟子　パンを二つに割った時、主イエス・キリストのお身体も分かれるのでしょうか。

師　それは違います。たとえパンをいくつかに分けたとしても、主のお身体は分かれません。分けられたパンの一片一片に完全な形で宿られています。たとえば姿を映した鏡をバラバラに割ったとしても、映した姿は別々に分かれず、破片の一つ一つに元の姿が完全に映されるのと同様です。

弟子　イエス・キリストのご身長は、世の常の人と変わらなかったと聞きます。それなのに小さなパンに完全にこもることができるのでしょうか。

師　はかりなきこの秘跡は、世の理屈を超えた真理。これを是が非でもわかりたいと思うのは無用の望みです。ただ深くへりくだって信じることが大切です。

しかし右の鏡のたとえをもって、少しは理解できるでしょう。先ほどの例と同様に、鏡の破片は小さなものですが、それには人の大きさの物はいうまでもなく、大きな山さえ完全に映ります。

自然の道理ですらこのようなもの。ましてや無限の存在であられる主イエス・キリストのお身体が、どうして小さいパンに思い通りに宿ることができないなどといえましょうか。

しかしこのたとえが真実をそのまま伝えているわけではありません。なぜならば、鏡には姿のみが映っているのですが、聖体であるパンには、主のご実体がことごとく直接にこもられているからです。

弟子　この秘跡を正しく授かるためには、どのようなことをすべきでしょうか。

師　大罪を犯していたならば、どの科であったとしても、告解をすること。いまだしていない時は、深く後悔し懺悔しなさい。その他では、前日の夜半より飲食を断つことです。もしも少量であっても湯水を飲んでしまったならば、その朝は受けられません。
またこの秘跡を授かろうとする場合、起床時より深くへりくだった心で、この聖体にこもられるのはどなたであろうか、と念じなさい。すなわちその方は、主イエス・キリスト。まことの神であり、まことの人として私たちに代わり、様々な呵責を受けられて、ついに亡くなられたのです。

よって、これらご恩の数々を顧みることが大切となります。秘跡を授けられた後は、自身の霊魂に与えられた恩寵を深く観念し、お礼を申し上げなさい。

弟子　第四の秘跡は何ですか。

師　告解の秘跡です。これは洗礼を受けた後、霊魂の病である罪科を治す、天の良薬となります。

弟子　告解は何種類ありますか。

師　三つあります。以下のものです。

一　完全な痛悔。心の底よりの後悔

二　告白。言葉により懺悔をすること

三　罪の償い。行いにより、罪を償うこと

弟子　完全な痛悔とは何ですか。

師　これは人が罪科により神に背いたことを深く悔い、悲しむことです。そして再び犯さぬように固く決心し、機会を得て告白する覚悟をもちます。

弟子　どうして神に背いたことを深く悔い、悲しむ行為を完全な痛悔というのですか。

師　それには深いいわれがあります。まことの後悔とは、万事にまさって愛すべき神に背いたことを悲しむところに極まるもの。よってこれを完全な痛悔というのです。

しかしそうではなくて、科によって受ける地獄の苦しみ、その他科より生ずる災いにさらされて後悔することは、完全な痛悔ではありません。まことの後悔とは、主なる神をひたむきに深く愛するところから出てくるものなのです。

弟子　そうしますと、地獄の苦しみを逃れ、あるいは科より生じるその他の災いを逃れて後悔し、二度と犯すまい、と思い定めることは良い後悔ではなく、お赦しいただけないのでしょうか。

師　それは不完全な痛悔とよび、良い後悔ですがそれだけで科は赦されません。ただしその上に告解をすることで、この後悔の不足を完全な痛悔により補うこととなるため許されます。

しかしまことに完全な痛悔は、告解する以前に科の赦しを得られるのです。ただしこの場合も、時機を得て告解をする覚悟をもたねばなりません。

弟子　以上二種類の後悔を見ますと、いずれも後悔であり、ともに以降再び犯すまいとする固い決心もあります。

にもかかわらず完全な痛悔は、いまだ告解しない内に赦され、不完全な痛悔は告解なくしては赦されない。これはどうしてでしょうか。

師　その理由は、完全な痛悔はそれがどのようなものであれ、ただ神に背いたことだけを悔やむため、神への愛より起こる後悔だからです。よってこれは完全なる後悔、真実の後悔です。

これに対して不完全な痛悔は、罪科によってわが身に与えられる苦しみを恐れて起こす後悔ですので、神への愛より起こったものではなく、自己愛の産物です。そのためこれは、完全な後悔ではなく、真実ともよべません。

しかし神は慈悲深くいらっしゃるため、告解の道を定め、この不足を補われました。このことを深く考慮すれば二つのことが明白となります。

一つ目は、告解の道を定められた神のご意志のありがたさです。これは大罪の科をもつ身にとって、はなはだ重要なこととなります。なぜならば、たとえ人が科の後悔をしたとしても、それが完全な痛悔に及ばない時は何の役にも立ちません。しかし、告解につとめるならば、その不足を相補い赦免されるからです。

二つ目は、自他ともに科を後悔する時は、それがどのようなものであっても、ただ神に背いたことを主に悔やみ、完全な痛悔をなそうと願うべきです。なぜなら完全な痛悔にいたれば、さしつかえにより告解ができなかったとしても、罪科が赦されるからです。

よって信心深いキリシタンにとって、夜ごと就寝前に、来し方の罪科を完全な痛悔の道によって悔い改めることが、もっとも徳の高いつとめとなるのです。

また、この真実の完全なる痛悔へいたるために、とりわけ効果的なのは、私たちすべての人間が神を愛し、神に仕えるべく多くの道理を思案することです。

それらの道理とは、まず一物も存在しないところから、私たちを神の似姿に造られ、今にいたるまで霊魂・肉体ともに守り、育ててくださったこと。次に深い愛により、神の実子でいらっしゃる主イエス・キリストを私たちのもとへとお遣いになり、人間の罪科と引き換えにそのお命を失わされたこと。さらには、キリストがご在世中に私たちのために耐え忍ばれた苦難の数々。こうした道理を観念することです。

これらの観念を思い起こせば、これほど深いご恩を受けた方をすべてに優先して愛すべきことは本意です。それにもかかわらず、背いてしまった悔しさに、人はまことの完全な痛悔にいたるのです。

弟子　告解はどのようにすればよろしいですか。

師　はじめての告解であれば、洗礼以降に犯した科を告白しなさい。二度目以降は、前回よりこれまで犯した科を思い出し、一つ残らず申し上げることが大切です。科を犯さないためには、先にあげた「第九　七つの大罪の科」の項目を守りなさい。

弟子　罪の償いとは何ですか。

師　私たちの罪の償いを、主イエス・キリストに対して果たすことです。すなわち私たちの後悔は、自ら心中に痛みをもつことと、司祭より授けられる罪の償いによって完成するのです。

弟子　第五の秘跡はどのようなものですか。

師　終油とよばれる、司祭により尊い油とともに唱え、授けられる秘跡です。

この秘跡は、臨終の病人にのみ授けられます。これによって主イエス・キリストは、ご自身の恩寵を与え、病人の霊魂に残った科の汚れを清められるのです。そして、死に伴う苦痛をやわらげるために、お力を添えてくださる秘跡となります。

弟子　第六の秘跡は何でしょうか。

師　叙階とよばれる秘跡です。司教により、人は司祭という秘跡を授けることのできる位に上げられます。この秘跡を授けられた人々には、主イエス・キリストよりその役をよく果たせるように恩寵が与えられます。

弟子　第七の秘跡は何ですか。

師　結婚の秘跡です。この秘跡は、教会の定めに従って夫や妻を迎えるもの。これによって夫婦ともに平安に愛し合いながら過ごし、罪科なく子孫繁栄するように恩寵を与えます。

弟子　この時、夫婦が互いに守らなければならない約束はありますか。

師　当然のご質問です。互いに守らねばならない、三つの厳格な約束があります。

一つ、一度縁組をしたならば、その後男女ともに離別することはできません。

二つ、他の相手と交わることは、以降許されません。

三つ、結婚の秘跡によって、神より互いに離れられない朋輩と定められます。よって相手の足りないところは互いに補い合い、子どもには必要なものを与え、懸命に子育てに努めよ、との掟です。

弟子　一度縁を結んだ後、離別してはならないのはどうしてですか。

師　その理由は、生まれた時から決められていた、主なる神の結婚の約束によるものだからです。この約束により、すべての人は互いに別れられぬ固い契りを結ぶのです。

弟子　これは厳しすぎる掟ではありませんか。結婚して互いに気が合わない時でさえ、別れてはならないのでしょうか。

師　これはもっとも困難なように見えますが、結婚の縁を結んだ時、主なる神より与えていただく秘跡の大いなる恩寵により、夫婦が互いに愛情深く結ばれるため、添い遂げることはたやすいのです。

弟子　神はなぜ一度縁を結んだなら別れないように定められたのでしょうか。

師　この定めは特別のものではありません。結婚して、互いに罪を犯さず、子孫繁栄して、今生来生とも、その掟に従うことにより、わが子にいたるまで来世に救われるのです。その上、夫婦互いに一身のように思い合い、必要な時助け合うためなのです。こうしたことを実現しようとするなら、一時的な関係ではなく、長く契りを結ばねばなりません。

もしも自由に離婚できるとしたならば、男は女と心を隔て、女は男に心を閉ざし、夫婦の間は心休まる時がなく、常に気づかうばかりでしょう。そればかりではなく、どんなに助けが必要な時も互いに相手を頼れない。とりわけ病気になった時、あるいは危機に瀕した時も、力にならず何の頼りにもなりません。

さらに育児においては、様々な不都合が起きてくるでしょう。どうしてかといいますと、もしも夫婦の心が通わぬ時、自由に離婚できるとすれば、その際男の子は父に連れられて継母に育てられ悲しい思いをするはず。女の子は母について行き、継父のもと、どれほどの不自由に耐えなくてはならないのでしょうか。

こうした不都合をなくすためには、死ぬまで絶えない契りでなければ、わが子を真実の深い愛で包み、問題なく育てていくことはできないのです。

さらに一層深く考えてみれば、この理想的な関係以上のものは世の中にありえません。なぜならば、日頃契り合っている夫婦の仲なのに、ささいなことで別れ、あるいは別の女、別の男に心を移して、自らの真実定まった夫婦の仲を割くということが、理にかなわないからです。これこそもっとも道に外れた行いといえましょう。つまりこのことがもたらす不利益というのは、先々添い遂げることもない、と思うことで互いの誤りや気に食わないことをこらえられなくなることから生まれます。

加えて夫婦の離別より生じる問題は、まず互いの親類同士が遺恨を含むこと。そしてその無念を晴らそうとして殺害に及んだり、一門が互いに義絶して思いもしなかった仇同士となり果て、その親類の中から身寄りのないみなしごが多くできてしまうのです。

こうした例は、キリシタンではない異教徒の人々にあきらかに見られます。

弟子　これらはみなもっとも優れた道理です。しかし掟がこれほど厳しいと、自分にとって過大な足かせと感じる者も多いのではないでしょうか。

なぜならば、「自分の意に反し、心にかなわない妻とどうして添い遂げることができようか。まず、こうした者を妻として夫婦の契約をしないことだ。そもそも妻など娶らぬ方が良い」と考える者も多いかもしれません。

師　ご不審、ごもっともです。しかしながら、そうじて世の中の法律というものは、どのような法や規則を定める時であっても、万人の利得を考慮して作られます。ところが中には、「万人のためにはふさわしいかもしれない。しかし自分にとってはそぐわないものだ」と考える人もありましょう。

たとえば国内より他国へ米を出すことを禁じる法を定めた時。売買を専らとする者にとって、受け入れ難い法ではあっても、その国全体にとっては大きな利得の元となるのです。これと同様、神が授けられる掟もあまねく人の得となるように図り、利に従って定められています。

この結婚の秘跡によって、人はみな大いに得をするといいながら、中には利益を得られず、甘いものを嫌い、苦いものを好む者も多少はいるのかもしれません。

弟子　今のご説明を聞き、よく理解できました。それでは一層心の疑いを晴らすためにもう一つお伺いします。

今ご説明いただいた掟では、夫であれ妻であれ、身持ちが悪く、掟に従わず外に愛人をもつ者。あるいはそれほどではないにしても、夫婦のどちらかが本性が悪人であった場合、どうすればよろしいでしょうか。このような場合も離縁することは許されないのですか。

師　それはもっとも重要な不審です。もしもそのようになってしまった場合、教会の定めによって夫婦を別居させることもできます。しかし別れたとしても、他の人と再婚はできません。これにも道理があります。

なぜかといいますと、こうした行いの悪い者は他の人と再婚したとしても、右に述べたような重い過失を犯すため、再び災いを起こさせないように配偶者をもたぬことを定めているのです。

弟子　それは優れた道理です。今お話をお伺いしてすみやかに心の闇が晴れました。この道理を元に考えてみますと、夫婦の離縁が招く損失は甚大であり、掟に従い、身を修めることから得られる利得は計り知れないほどです。

このことによって、夫婦の一つ目の約束と三つめの約束は、非常に大切だということがよくわかりました。それでは二つ目の約束について、その道理をお教えくださいますか。

師　これはいうまでもないこと。夫婦の婚姻は、主なる神より与えられた子孫繁栄の定めですので、これを妨げる他犯を戒めます。男女ともに、伴侶以外の他人の肌に触れることは、もっとも深い重犯となるのです。

弟子　この第七の秘跡を授からなければ、来世に救われないのでしょうか。

師　七つの秘跡の内、最後の二箇条（叙階・結婚）は教会になくてはならないものですが、各キリシタンが希望しない限り、必ず受けなければならないものではありません。

なぜならば、叙階と結婚はすべての人の義務ではなく、望む人だけのものだからです。しかし、洗礼と告解の秘跡は、すべてのキリシタンが授からなくてはならないもの。この二つの秘跡の内容を述べた箇所でくわしく読み取れるでしょう。

また聖体の秘跡は、分別のできる年齢に達した者が聴罪司祭の指示に従い、時節に応じて授からなくてはなりません。これも詳細は前述した、教会の五番目の掟に著しました。

残りの二つ、堅信と終油の秘跡は、右の洗礼・聖体・告解ほど来世のために重要ではないといいながら、授かる機会や授ける人があった場合、受けなければなりません。

弟子　これらの秘跡は何度でも受けられるのですか。

師　洗礼・堅信・叙階、この三つの秘跡は一度だけ授かるものです。その他は、度々授かることができます。とりわけ告解と聖体の秘跡は、私たちにとってもっとも大切ですので何度でも授かるべきです。

弟子　それでは、結婚の秘跡も何度か授かることはできますか。

師　誰であろうと結婚の秘跡を授かった配偶者が存命の間、他の相手とこの秘跡を受けることは絶対にかないません。しかし夫婦の一人が亡くなり、別の人と再婚する場合は可能です。また、終油の秘跡を授かった人が、その病気からいったん回復し、後に再び臨終を迎えた場合、もう一度授かることができます。

第十一　その他、キリシタンにとって大切なこと

弟子　その他にもキリスト教の教義に当たることはありますか。

師　もちろんあります。以下のものです。

・慈悲の行い
・神に対する徳
・根本的な徳
・聖霊の賜物
・祝福
・告解の祈り

・慈悲の行い

慈悲の行いは十四あります。前の七つは身体に関する行い、後の七つは精神に関する行いです。

〔身体に関する七つの行い〕

一　餓えた人に食物を与える
二　喉の渇いた人に飲み物を与える

三　裸の人に衣服を与える
四　病人と囚われた人をいたわって見舞う
五　巡礼者に宿を貸す
六　囚われた人を身受けする
七　人の遺体を葬る

〔精神に関する七つの行い〕
一　人によい忠告を与える
二　無知な人に道を教える
三　悲しむ人の心を癒す
四　罪を犯した人を諌める
五　人から受けた恥辱を赦す
六　隣人の誤り、不足をとがめない
七　生者、死者、自分に仇を為す人のために神へ救いを願う

・神に対する徳
これには三つの善があります。

一　信仰、すなわち神の教えをまことに信じる善
二　希望、すなわち来世の救いを信頼する善
三　愛、すなわちあらゆるものの中でもっとも神を愛し、隣人をも神に対して愛する善

・根本的な徳
これは四つの善があります。
一　賢明、賢慮の善
二　正義、憲法の善
三　剛毅、強い心の善
四　節制、すなわち身体の抑制をする善

・聖霊の賜物
七つの恵みがあります。
一　叡智。現世を思い切り、来世を深く重んじて興味をもたせる恵み
二　悟性。信仰上、信心をもつべき教えをよく理解するため、分別を明瞭にする恵み
三　考慮。来世の悦楽にいたる方法を正しく選択する恵み
四　剛毅。善の妨げを強固に防ぎ、道を貫徹する力と勇気を与える恵み

五　知識。来世への助けと障りをよくわきまえさせる恵み
六　孝愛。神を愛し敬って、隣人の手助けとなることに励む心を起こし勧める恵み
七　畏敬。神を愛する心より、神に背くことの深い怖れを与える恵み

・祝福
真福八端《しんぷくはったん》[1]といって、八つあります。
一　さいわいなるかな心の貧しき人、天国は彼等のものなればなり
二　さいわいなるかな柔和なる人、彼等は地を得《う》べければなり
三　さいわいなるかな泣く人、彼等は慰めらるべければなり
四　さいわいなるかな義に飢え渇く人、彼等は飽かさるべければなり
五　さいわいなるかな慈悲ある人、彼等は慈悲を得べければなり
六　さいわいなるかな心の潔《いさぎよ》き人、彼等は神を見奉るべければなり
七　さいわいなるかな和睦《わぼく》せしむる人、彼等は神の子等と称《たた》えらるべければなり
八　さいわいなるかな義の為に迫害を忍ぶ人、天国は彼等のものなればなり

・告解の祈り
全能の神をはじめ、永遠の処女聖マリア、大天使ミカエル、洗礼者聖ヨハネ、使徒聖ペテ

ロ、聖パウロ、諸聖人と私の司祭へ申し上げます。
私は心と言葉と行いにより、多くの罪を犯したことを告白いたします。

これは私の過ちです。私の過ちです。深い過ちです。

これによりお願いします。

永遠の処女聖マリア、大天使ミカエル、洗礼者聖ヨハネ、使徒聖ペテロ、聖パウロ、諸聖人と私の司祭、私のために主なる神にお祈りください。

アーメン

以上

1 真福八端　キリストの山上の垂訓により述べられた八つの言葉（聖マテオ福音書第五章）。以下、八句の文は人口に膾炙した句形を聖書より引用した。

✝ 参考資料

『長崎版　どちりな　きりしたん』海老沢有道校注（岩波書店　1991年11月）
『日本思想大系25　キリシタン書排耶書』海老沢有道　H．チースリク（岩波書店　1970年10月）
『どちりなきりしたん総索引』小島幸枝 編（風間書房　1971年5月）
『日本史小百科〈キリシタン〉』H．チースリク監修（東京堂出版　平成2年9月）
『ヴァリニャーノとキリシタン宗門』松田毅一（朝文社　1992年3月）
『切支丹文学集　2』新村出・柊源一訳（平凡社　1993年10月）
『現代語訳　ドチリイナ・キリシタン』宮脇白夜訳（聖母の騎士社　2017年2月）
『日本イエズス会版　キリシタン要理―その翻案および翻訳の実態』亀井孝、H．チースリク、小島幸枝（岩波書店　1983年11月）
『公教要理』カトリック中央評議会編（中央出版社　1958年7月）
『カトリック要理』公教要理改定委員会編（中央出版社　1960年）
『現代カトリック事典』ジョン A．ハードン著編（エンデルレ書店（1982年12月）

『完訳フロイス日本史　全12巻セット』松田毅一・川崎桃太訳（中央公論社　2000年1月）
『「どちりな　きりしたん」本文改訂の考察』小堀桂一郎（明星大学研究紀要．日本文化学部　2000年3月）
『加津佐に創設した活版印刷所』松久卓（国際印刷大学研究報告　第2巻　2002年3月）
『後期版「どちりな　きりしたん」の改訂目的と表記の工夫』鄭炫赫（アクセント史資料研究会　2005年9月）

◆訳者プロフィール

水野　聡（みずのさとし）
神戸市出身。翻訳家、ライター、日本文化講師。
リクルート(株)、エイボン・プロダクツ(株)、日本ゲートウェイ(株)等の企業にて、マーケティング関連職、コンサルタント等をつとめる。
2004年1月独立、能文社を設立。オフィシャルHP【言の葉庵】。

おもな訳書・著書に「強く生きる極意　五輪書」「現代語訳　風姿花伝」「現代語訳　歎異抄」「現代語訳　十牛図」（以上PHPエディターズ・グループ）、「葉隠　現代語全文完訳」、「南方録　現代語全文完訳」「山上宗二記　現代語全文完訳」「貞観政要（上）（下）」（以上能文社）、「図解 庭造法」（マール社）、「現代語訳　申楽談儀」（檜書店）等がある。

現代語訳　どちりな きりしたん

ISBN978-4-9904058-7-8
2017年10月10日　初版第一刷発行
2018年 7月10日　初版第二刷発行
訳　者　水野　聡
発行者　水野　聡
発行所　能文社
〒213-0001　神奈川県川崎市高津区溝口 6-8-7-701
電話・ファックス　044-844-2744
メール　mizuno@nobunsha.jp
ホームページ　http://nobunsha.jp/
印刷・製本　(株)アクセア、能文社